América Latina: su historia explicada

Al nostre fill Albert, que va néixer a la meitat del llibre i que m'ha acompanyat en la recta final.

Montserrat Varela Navarro

■ América Latina: su historia explicada

Schmetterling Verlag

Bibliografische Informationen *Der Deutschen Nationalbibliothek*
Die Deutsche Nationalbibliothek verzeichnet diese Publikation in
der Deutschen Nationalbibliografie;
detaillierte Daten sind im Internet über
http://dnb.d-nb.de abrufbar.

Schmetterling Verlag GmbH
Lindenspürstr. 38 b
70176 Stuttgart
www.schmetterling-verlag.de
Der Schmetterling Verlag ist Mitglied von aLiVe.

ISBN 3-89657-766-2
1. Auflage 2010
Alle Rechte vorbehalten
Satz und Reproduktionen: Schmetterling Verlag
Druck: GuS–Druck GmbH, Stuttgart
Binden: IDUPA, Owen

■ Índice

■ Introducción

Los nombres de América

América, como gran continente que es, tiene varios nombres. En español, a diferencia de en alemán, el nombre de América se refiere a todo el continente en conjunto, no a un solo país. Geográficamente América se divide en tres grandes partes, que se denominan, de norte a sur, Norteamérica (o América del Norte), Centroamérica (o América Central) y Suramérica (Sudamérica o América del Sur).

En el aspecto cultural, América todavía tiene más nombres. Los países donde se habla español o portugués se engloban bajo el nombre de Iberoamérica, puesto que el español y el portugués provienen de la Península Ibérica. Los países que tienen como lengua oficial el español se los denomina conjuntamente como Hispanoamérica. Finalmente, los países cuya lengua oficial deriva del latín (español, portugués o francés) forman Latinoamérica o América Latina. Este último nombre empezó a difundirse a partir de la segunda mitad del siglo XIX y fue especialmente apoyado por Francia para contrarrestar la influencia cultural del mundo anglosajón en el continente.

Este libro trata solamente de los países de habla española, sin tratar la historia de Brasil, Haití o el Québec, entre otros países de habla latina. Por eso, estrictamente hablando debería haber sido titulado Historia de Hispanoamérica y no de América Latina. La autora, sin embargo, se ha decidido por este último nombre porque la denominación Hispanoamérica se usa fundamentalmente en España. El nombre Latinoamérica o América Latina, a pesar de que a veces se refiere sólo a los países de lengua española, está mucho más difundido y es más popular.

Hecha esta aclaración terminológica, la autora espera que el lector o la lectora se divierta y aprenda leyendo este resumen histórico de casi un continente entero. La autora da fe de que así fue en su caso al redactar este libro: aprendió mucho más de lo que sabía (que era poco), se divirtió escribiendo, borrando y volviendo a escribir, y nunca pensó en dejarlo a medias. Era demasiado interesante.

Muchas gracias a la editorial.

Montserrat Varela Navarro

1. Las primeras culturas

En este capítulo vamos a aprender:
- ◆ Los orígenes del ser humano en el continente americano
- ◆ El desarrollo de la agricultura
- ◆ Las primeras grandes culturas americanas

El origen del ser humano en América es un misterio todavía por resolver. Sin embargo, se sabe que los primeros pobladores llegaron de Siberia y que hubo varias migraciones a lo largo de miles de años. Como en Asia y en Europa, los seres humanos en América descubrieron la agricultura y desarrollaron las primeras civilizaciones, como la olmeca en México o la de Nazca en Perú.

■ La llegada del ser humano al continente americano

Los primeros pobladores del continente americano procedían de Siberia. Los yacimientos[1] más antiguos de esa zona se encontraron en los montes Altai y en el río Amur (actual frontera entre Rusia y China). Desde allí, a partir de 50.000 a.C. habrían partido las primeras poblaciones hacia Alaska y el norte de América en varias oleadas. Aunque la antigüedad de los primeros yacimientos de América todavía es motivo de discusión, esta emigración tan temprana es plausible si se tiene en cuenta que Indonesia y Australia también empezaron a poblarse a partir de estos milenios. **Origen asiático**

Durante la segunda mitad del **período glaciar** de Wisconsin, (80.000– 8.000 a.C., en Europa conocido como el período glaciar de Würm) hubo como mínimo tres grandes oleadas migratorias que fueron extendiéndose por todo el doble continente. Durante este tiempo las costas del **estrecho de Bering** retrocedieron hasta cien kilómetros porque el nivel del mar bajó. Así, el estrecho quedó completamente libre de aguas. En la última de las migraciones hacia 10.000 a.C. llegaron los antepasados de los esquimales o inuit. Al final del Wisconsin el estrecho de Bering se inundó con el deshielo de los glaciares, formando el mar que separa Rusia y Alaska. **Período de Wisconsin**

---

1   el yacimiento: Fundstelle

La **Isla de Pascua** o Rapa Nui pertenece hoy en día a **Chile**. Sin embargo, ni la lengua ni la cultura de los pobladores de la isla pertenecen a las antiguas culturas americanas. La Isla de Pascua fue poblada hacia el siglo VIII d.C. por poblaciones polinesias a lo largo de su expansión por el Océano Pacífico, comenzada a partir de 2.000 a.C.

Los yacimientos más antiguos

Los primeros yacimientos están datados entre 30.000 y 12.000 a.C. En ellos se han encontrado herramientas y armas trabajadas en piedra. Entre los yacimientos más conocidos están el de Topper, en los Estados Unidos; Monte Verde en **Chile**; y Pedra Furada en **Brasil**.

La cultura Clovis   La cultura de Clovis está ubicada en el sur de los Estados Unidos. Data del año 13.000 a.C. y su rasgo más conocido son sus puntas de lanza talladas en piedra, las puntas Clovis. En los yacimientos de América del Sur también se han encontrado puntas parecidas a las de Clovis, que se denominan «puntas de cola de pez» por su forma.

Caza, pesca y recolección

Los pueblos americanos de esta larga época eran nómadas, cazadores, pescadores y recolectores[2]. Cazaban mamuts, diferentes tipos de bisontes, mastodontes, camélidos, ciervos y caballos. Toda esta megafauna empezó a desaparecer a finales del Wisconsin (8.000 a.C.) a causa de la subida de las temperaturas. Los seres humanos, entonces, tuvieron que adaptar su modo de vida a los nuevos sistemas ecológicos.

Desaparición de la megafauna americana
Entrada de las diferentes
poblaciones nómadas

Era del Pleistoceno (200.000–8.000 a.C.)
Glaciación de Würm (Europa) o Wisconsin (América), 80.000–8.000 a.C.

Edad de Piedra en Europa
Asia y África

Para recordar:
- La población autóctona americana proviene de Asia.
- Hubo varias oleadas migratorias desde el estrecho de Bering.
- A finales del período glaciar de Wisconsin hubo un gran cambio climático. La megafauna americana se extinguió.

Para saber más:
Orígenes de la población americana: www.poblamerica.blogspot.com
Museo sobre la Isla de Pascua: www.museorapanui.cl

---

2   el/la recolector/-a: Sammler(in)

El neolítico americano (8.000–1.500 a.C.)

A partir de 8.000 a.C. aparecieron las primeras poblaciones sedentarias con la domesticación de plantas y animales. Esta época coincide con el **neolítico** a nivel mundial, aunque para América se la ha denominado también como **Período arcaico**. La agricultura se desarrolló en tres focos principales e independientes: las tierras altas de México, la selva tropical del **Orinoco** y del **Amazonas** y la costa y la sierra de **Perú**.

Período arcaico

La agricultura

En **México**, la agricultura se desarrolló con el cultivo de plantas como calabazas o zapallos, pimientos (chile o ají), tomates y frijoles. Pero la verdadera hazaña de los mexicanos fue el desarrollo del maíz por selección genética. El maíz parece derivar de una hierba de granos diminutos llamada teosinte, que empezó a ser cultivada a partir de 5.000 a.C. La mazorca[3] más antigua que se ha encontrado, fechada alrededor de 3.500 a.C., solo mide dos centímetros.

México

Otra planta que cultivaron los mexicanos fue el algodón. También en Perú esta planta se cultivó en grandes extensiones. En la costa sirvió para tejer redes de pesca, pero su gran función fue la de tejer ropa. Tanto en México como en el Perú la industria textil alcanzó un alto grado de perfección. Los aztecas usaron mantas de algodón como moneda de cambio o como regalo especial.

El algodón

En la zona del **Caribe** y de la selva del Amazonas se cultivaron (y todavía se siguen cultivando) la yuca, la batata y otros tipos de tubérculos. Además, las diferentes civilizaciones de esta vasta zona cultivaban diversas frutas tropicales como el cacao, la papaya, el mango y el aguacate. Sus habitantes practicaban la agricultura de roza[4] combinándola con la arboricultura[5].

Caribe y Amazonas

En Perú se cultivaron la patata, la oca (un tubérculo que también se llama ñame) y varios cereales de alto contenido proteínico como la quinoa o el amaranto. El maíz llegó de México y se incorporó a la dieta de las civilizaciones peruanas. Por otro lado, también se cultivó la coca, cuyo consumo estuvo reservado a la nobleza durante la época de los incas. Los incas también cultivaron y fumaron tabaco, que ellos utilizaban como medicina.

Perú

> Desde el descubrimiento de la agricultura, en los **Andes** centrales las patatas se deshidratan para conservarlas mejor. El resultado son los chuños. Después de la cosecha, las patatas se dejan al aire libre durante varias noches para que se congelen. Después se ponen al sol. Este proceso, que se repite varias veces, hace que la patata vaya perdiendo agua. Los chuños pueden almacenarse durante mucho tiempo y forman parte de las gastronomías de **Argentina, Bolivia**, Chile y Perú.

---

3   la mazorca: Maiskolben (in Amerika: choclo, elote, jojoto, etc.)
4   la agricultura de roza: Wanderfeldbau mit Brandrodung
5   la arboricultura: Baumzucht

La ganadería

En cuanto a los animales, en México se domesticaron principalmente el pavo y el perro mexicano (xoloitzcuintle) por su carne. En la **Cordillera de los Andes** también se domesticaron el perro peruano y el cuy o cobaya, que los españoles llamaron conejillo de Indias. Además, las llamas y las alpacas daban también leche y lana y eran animales de carga. Las vicuñas y los guanacos, que no pueden ser domesticados, fueron los animales de caza de la nobleza inca.

Vicuña

Para recordar:
- La revolución agrícola y ganadera tuvo lugar a partir de 8.000 a.C.
- El maíz se consiguió seleccionando genéticamente una hierba autóctona.
- Los animales domésticos americanos más importantes fueron el pavo en México y el cuy, la llama y la alpaca en los Andes.

📖 **Para saber más:**
Museo Nacional de Antropología (Salas): www.mna.inah.gob.mx
Perú prehispánico: www.educared.edu.pe/estudiantes/historia1/index.htm
Proyecto de investigación en Perú: www.caralperu.gob.pe

■ Las primeras grandes culturas

Olmecas, Teotihuacan, Nazca, Chimú, etc.

Después de la revolución neolítica americana, aparecieron las primeras grandes culturas tanto en Mesoamérica (México central actual) como en América del Sur. En Mesoamérica destacan las culturas olmeca, zapoteca y la de Teotihuacán. En Colombia destacó la cultura muisca o chibcha. En los Andes y en la costa de Perú florecieron, entre otras, las culturas de Chavín, de Nazca, de Tiahuanaco y de Chimú.

Olmecas y zapotecas

Olmecas

La cultura olmeca se considera una de las más antiguas de Mesoamérica. Ocupó la costa sur del golfo de México, en los estados mexicanos de Veracruz y Tabasco entre 1.500 y 300 a.C. aproximadamente. Los asentamientos más conocidos son San Lorenzo, La Venta y Tres Zapotes. En los tres se encontraron las famosas cabezas colosales olmecas, que quizá representan a guerreros o reyes y pesan varias toneladas.

Zapotecas

Como los olmecas, la cultura zapoteca es una de las más antiguas de Mesoamérica. Habitó en el actual estado mexicano de Oaxaca a partir del siglo IX a.C y su capital fue Monte Albán, el nombre de las actuales ruinas. Su predominio sucumbió hacia el siglo XI con la invasión de los mixtecas, un pueblo del suroeste del México actual. Los mixtecas fueron a su vez conquistados por los aztecas en el siglo XV.

Tanto los olmecas como los zapotecas desarrollaron un alfabeto jeroglífico, descubrieron el cero, tenían dos tipos de calendario y jugaban al juego de la pelota. La escritura zapoteca se ha conservado en varios códices hechos con pieles de venado y se cree que sirvió de modelo para las culturas maya y azteca. Además de tener dioses propios, las dos culturas adoraron al dios Quetzalcóatl, la Serpiente Emplumada.

Cultura y religión

Teotihuacán (VII a.C–VIII d.C.)

Esta ciudad, cuya etimología en nahuátl, la lengua de los aztecas, significa *ciudad de los dioses*, está ubicada al norte del Valle de México. Se desarrolló como centro de peregrinaje y llegó a tener más de cien mil habitantes en la época de su máximo esplendor, a partir del siglo I d.C. Su expansión fue sobre todo por influencia económica, para el aprovechamiento de los productos y servicios de las ciudades cercanas mediante tributación.

Esplendor y decadencia

Su influencia se extendió por todo México central de costa a costa hasta el golfo de México y el altiplano de Guatemala. Pero también hubo incursiones de conquista: en el siglo IV la ciudad maya de Tikal fue invadida por ejércitos de Teotihuacán. En el siglo VII empezó su decadencia económica y un siglo más tarde fue saqueada y abandonada.

Centro religioso, comercial y cosmopolita

Los dos edificios más emblemáticos de la ciudad son las pirámides del Sol y de la Luna, construidas hacia el siglo I d.C. La pirámide del Sol es la tercera más grande del mundo. Delante de la pirámide de la Luna empieza la Calle de los Muertos, el eje de la ciudad, de unos cuatro kilómetros de longitud. Otros edificios importantes son los palacios de Quetzalcóatl y de los Jaguares. Teotihuacán fue gobernada por una élite de sacerdotes y nobles. Tenía además varios centros ceremoniales y diferentes barrios donde vivían los artesanos, los comerciantes y los extranjeros. Los campesinos vivían en los límites de la ciudad o agrupados en aldeas cercanas.

Las pirámides del Sol y de la Luna

Toltecas

La cultura tolteca floreció entre los siglos X y XII. Los toltecas eran gentes nahuas, como los posteriores aztecas, y su gentilicio[6] significa *artista*. Su capital fue Tollán, cerca de la actual Tula mexicana. En el siglo X invadieron el norte de Yucatán e influenciaron la cultura maya, sobre todo en Chichén Itzá. La cultura tolteca decayó con la llegada de los aztecas en el Valle de México en el siglo XIII.

---

6   el gentilicio: Volksname

La costa de Perú y los Andes

Chavín y Tiahuanaco

Las dos culturas más antiguas de la zona fueron la cultura de Chavín (1.000 a.C.–300 a.C.) y la de Tiahuanaco (400 a.C.–1.200 d.C.). La manifestación artística más conocida de Chavín son los relieves trabajados en monolitos, como por ejemplo el Lanzón del Templo Antiguo, que representa una divinidad felina. En cuanto a Tiahuanaco, su imperio se extendió por todo el altiplano andino, abarcando parte de Perú, Bolivia, Chile y Argentina. La cultura Chavín se extendió por la costa y la cordillera central de Perú.

Estas dos culturas se organizaron como estados teocráticos en torno a un centro urbano, cuya función era representativa y ceremonial. Practicaron la agricultura intensiva con técnicas de regadío muy desarrolladas. Su economía se basaba en el intercambio de bienes y servicios, que eran organizados y distribuidos por las élites.

Nazca y Moche

La cultura de Nazca (I–VI d.C.), en el sur de Perú, es sumamente conocida por las figuras trazadas en el desierto de Nazca, cuyo significado sigue siendo un misterio. Algunas teorías apuntan a la observación de los ciclos agrícolas, mientras que otras proponen que las líneas seguían corrientes de agua subterráneas. La cultura Moche (I–VII d.C.), ubicada en varios valles de la costa norte de Perú, es conocida por la ciudad de adobe de Moche. Su cerámica es una de las más bellas de Perú, con formas humanas y de animales muy realistas.

> En el **desierto de Atacama**, al sur de Perú y norte de Chile, floreció la cultura de Chinchorro (9.000–4.000 a.C.). Sus gentes vivieron de la pesca, puesto que su cultura floreció anteriormente a la revolución neolítica. La mayor característica de su cultura fue su sofisticada técnica de momificación. Se han descubierto momias de hasta 7.000 años de antigüedad, siendo así las más antiguas del mundo.

Huari y Chimú

Finalmente, las culturas Huari (S. VII–S. X) y Chimú (S. X–1462) fueron predecesoras de la cultura inca. La ciudad de Huari estuvo cerca de la actual Ayacucho, en el sur de Perú. Su cultura desarrolló un sistema de caminos que sirvió de modelo a los incas y construyó el templo de Pachacamac, incorporado después a la religión inca. La cultura Chimú sucedió a la cultura Moche y su capital fue Chan Chan, cerca de la actual Trujillo, en el norte de Perú. Cuando los incas la conquistaron hacia el 1462, sus orfebres[7] fueron a trabajar a la ciudad imperial de Cuzco.

Colombia: la cultura muisca

En los Andes de Colombia existió la cultura muisca o chibcha, organizada en una confederación de comunidades lideradas por un jefe, llamado Zipa o Zaque. Su cultura duró entre el siglo VI a.C. hasta que los españo-

---

7   el/la orfebre: Goldschmied(in)

les la destruyeron en 1539 después de descubrirla dos años antes. Era una sociedad agrícola y comerciante. Sus orfebres crearon pequeñas y bellas figuras de adorno y de bisutería.

Chile, Argentina y Paraguay: las culturas mapuche y guaraní

Los mapuches eran pueblos nómadas que vivieron en el Chile central. Aunque eran agricultores, también eran nómadas. También son conocidos como araucanos, pero los mapuches actuales rechazan esta denominación porque se la dieron los españoles. *Mapuche* es su propia denominación y significa «gente de la tierra».

Los guaraníes eran un pueblo originario del Amazonas que se estableció en Argentina y Paraguay en el siglo XV. Ellos se denominan a sí mismos *avá*, que significa «hombre». Vivían en aldeas regidas por caciques y eran agricultores y cazadores. También eran unos excelentes alfareros[8] y guerreros. Practicaban el canibalismo ritual, práctica que abandonaron tras la llegada de los jesuitas portugueses y españoles.

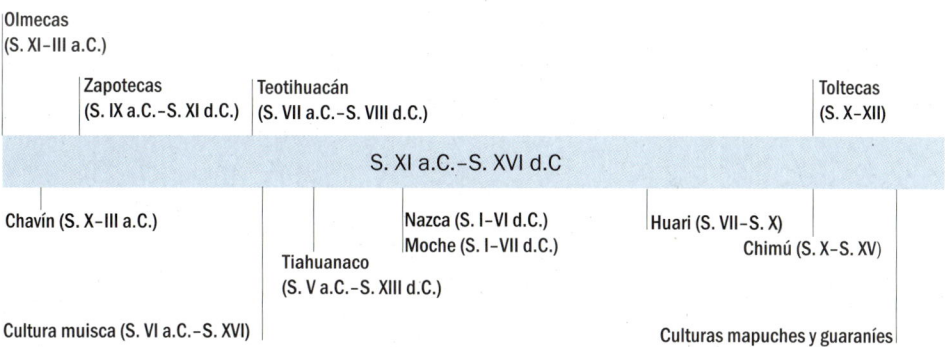

Olmecas
(S. XI–III a.C.)

Zapotecas
(S. IX a.C.–S. XI d.C.)

Teotihuacán
(S. VII a.C.–S. VIII d.C.)

Toltecas
(S. X–XII)

S. XI a.C.–S. XVI d.C

Chavín (S. X–III a.C.)

Nazca (S. I–VI d.C.)
Moche (S. I–VII d.C.)

Huari (S. VII–S. X)
Chimú (S. X–S. XV)

Tiahuanaco
(S. V a.C.–S. XIII d.C.)

Cultura muisca (S. VI a.C.–S. XVI)

Culturas mapuches y guaraníes

Para recordar:
- A partir de 1.500 a.C. se desarrollan las primeras grandes culturas de Mesoamérica hasta la zona Andina.
- En Mesoamérica destacan los olmecas y los zapotecas.
- En Sudamérica destacan la cultura muisca, las culturas de los Andes y la costa de Perú (Moche, Nazca, Huari, etc.) y las culturas mapuche y guaraní.

8   el/la alfarero/a: Töpfer(in)

■ Ejercicios

1. ¿Lo has entendido? Marca si las frases son verdaderas o falsas.

		V	F
a.	Los primeros americanos provienen de Indonesia.	☐	☐
b.	Se han encontrado yacimientos de los primeros pobladores en América del Norte y en América del Sur.	☐	☐
c.	La agricultura se desarrolló en tres lugares distintos del continente.	☐	☐
d.	El algodón solo se cultivó en México.	☐	☐
e.	En el norte de Suramérica no hay ninguna cultura que destacar.	☐	☐
f.	Las culturas maya y azteca son en gran medida herederas de los olmecas y zapotecas.	☐	☐

2. Texto. Escribe una redacción sobre uno de estos temas.
1. La llegada de las primeras poblaciones en el continente y su modo de vida.
2. El desarrollo de la agricultura y la ganadería en América.
3. Una de las primeras grandes culturas de América: desarrollo y características principales.

3. Debate. En pequeños grupos o toda la clase.
La teoría mayormente aceptada sobre el origen del hombre en América es la de la migración desde Siberia. Sin embargo, existen otras, como por ejemplo la que sostiene que la ruta de entrada fue a través del Océano Pacífico. En su bitácora, Arturo Gómez de Alarcón expone brevemente todas las teorías: www.poblamerica.blogspot.com; otra fuente de información es la bitácora http://historialenguajehistoria.blogspot.com (➔ Periodo Precolombino ➔ Origen del hombre en América).
En diferentes grupos, exponed las diferentes teorías y discutid sobre ellas.

4. Proyecto. En grupos, preparad un trabajo por escrito o como exposición oral sobre uno de estos temas:
1. Las primeras grandes culturas del México central actual.
2. Las primeras grandes culturas de la zona andina.
3. Las primeras grandes culturas de Colombia y del Cono Sur.

2. Las culturas maya, azteca e inca

En este capítulo vamos a conocer:
◆ Los mayas
◆ Los aztecas
◆ Los incas

Los mayas, los aztecas (también conocidos como mexicas) y los incas crearon las culturas más desarrolladas antes de la llegada de los españoles. Los mayas se organizaron en torno a ciudades-estado que comerciaban y guerreaban entre ellas. Los aztecas se asentaron en el valle de México en el siglo XIII y conquistaron el centro de México, formando un imperio que iba desde el Pacífico hasta el Atlántico. Y a principios del siglo XV, los incas empezaron su expansión desde Cuzco, llegando a dominar todo el Ecuador actual hasta el río Maule en Chile.

■ Los mayas

La zona de influencia de la cultura maya abarcó toda la península de **Yucatán** desde los golfos de México y de **Honduras** hasta las altas montañas de **Guatemala**. No se conoce bien su origen, pero sí que estuvieron en constante contacto con los diferentes pueblos mexicanos. Se organizaron en ciudades-estado cuyo estatus fue cambiando a causa de guerras o desastres políticos y económicos.

El mayab, el territorio maya

El período clásico

Las primeras poblaciones mayas surgieron a partir del siglo X a.C. Pero el período clásico de la cultura maya empieza con la primera inscripción conocida, del año 292. Esta inscripción se encontró en Tikal y describe fechas según la cuenta larga del calendario maya. Este período duró hasta el siglo X y estuvo profundamente marcado por la influencia de Teotihuacán, que en el siglo V invadió algunas ciudades de las tierras del interior, entre ellas Kaminaljuyú y Tikal.

Siglos III–X

Otras ciudades que florecieron durante esta época fueron por ejemplo Palenque, en el actual Chiapas (México), Bonampak, Piedras Negras en México, Quiriguá en Guatemala y Copán en Honduras. En todas ellas

Templo de Palenque

los mayas erigieron[9] grandes templos piramidales y construyeron estelas para registrar la historia de los reyes. Estas ciudades sólo tenían funciones ceremoniales. Las élites vivían cerca de los templos, mientras que los campesinos lo hacían en la selva en pequeñas aldeas.

Decadencia y abandono de las ciudades

A partir del siglo IX, sin embargo, las ciudades del centro del territorio maya vivieron una rápida decadencia hasta que fueron abandonadas. Las razones exactas no se conocen, pero hay algunos indicios. En primer lugar, entre los siglos VI y IX, Tikal y Calakmul y sus respectivos aliados se enfrentaron en varias guerras intermitentes[10]. Esto ocasionó un desgaste político y económico muy importante. En segundo lugar, la caída de Teotihuacán en el siglo VIII pudo haber debilitado las economías de estas ciudades centrales. Y en tercer lugar, en el siglo IX llegaron invasores del norte.

Los invasores

A partir del siglo IX varios grupos del norte de México invadieron el territorio maya en diferentes oleadas. Entre los primeros llegaron los itzá, que dieron a la ciudad de Chichén Itzá, en el norte de Yucatán, su nombre actual. Los últimos invasores fueron los toltecas, que echaron a los itzá de su ciudad y la transformaron según el modelo de su capital del centro de México, Tula. Los invasores sustituyeron las dinastías mayas pero adoptaron su cultura.

Período posclásico: S. X–XVI

Chichén Itzá

El colapso de los centros mayas clásicos causó su abandono masivo. El centro de gravedad de la cultura maya se trasladó entonces al norte de la península del Yucatán. Chichén Itzá floreció política y económicamente, así como la isla de Cozumel, que se convirtió en un importante lugar de peregrinaje. En el siglo XIII, sin embargo, Chichén Itzá fue abandonada y el poder pasó a manos de Mayapán, otra ciudad del norte de Yucatán.

9   erigir: errichten
10   intermitente: mit Unterbrechungen

El poder de Mayapán duró también poco, hasta el año 1461, cuando fue atacada y saqueada. A partir de entonces y hasta la llegada de los españoles, el norte de Yucatán se dividió en dieciséis pequeños estados que se hacían la guerra entre ellos para controlar las vías comerciales.

Mayapán y los 16 estados

La sociedad

Las ciudades mayas estaban regidas por un rey-dios, el *Ahau*, quien era el fundador de la dinastía de cada ciudad y controlaba su comercio. Las mujeres mayas gozaban de una buena posición social y llegaron a ser gobernantes. Después del rey estaban los nobles, los guerreros, los comerciantes y los campesinos. Todos ellos estaban emparentados por su relación más o menos lejana con el Ahau. Fuera de este sistema se encontraban los esclavos, los *pentacoob*.

De toda la literatura maya original que sobrevivió a la destrucción del tiempo o del fanatismo católico de los españoles, solo quedan cuatro códices en el mundo. Uno de ellos está en Dresden (www.dresdencodex.com). Sin embargo, ha llegado hasta nuestros días el *Popol Vuh*, una recopilación de leyendas del pueblo maya quiché. *Popol Vuh* significa «El Libro del Consejo», y narra la creación del mundo, los dioses y los hombres. Fue redactado en maya quiché a mediados del siglo XVI, poco después de la conquista española, pero no se dio a conocer hasta el siglo XIX.

La religión

La religión maya era politeísta y se basaba en la dualidad. Por eso sus dioses tenían varias propiedades, que a veces eran contradictorias. Itzamná, por ejemplo, era el señor de los cielos, del día y de la noche. Su padre era Hunab Ku, el dios maya creador cuyo nombre significa «Un solo Dios». En las ceremonias para honrar a los dioses los mayas sacrificaban a animales o a personas y se autosacrificaban. El autosacrificio consistía en perforarse la lengua, los lóbulos[11] de las orejas y otras partes del cuerpo para ofrecer su sangre a los dioses.

La dualidad

Los dos calendarios maya

Los mayas desarrollaron dos impresionantes calendarios que se relacionaban entre sí. El solar y civil, el *haab*, tenía 18 meses de 20 días más un solo mes de cinco días. Este calendario servía sobre todo para la agricultura. El otro calendario, el *tzolkin*, era el religioso y se basaba en el ciclo lunar. Constaba de 260 días divididos en 13 meses de 20 días.

Al tener un diferente número de días, los dos calendarios mayas solo coincidían cada 52 años del calendario civil. Este año era el Año Nuevo de la Rueda Calendárica. Pero para contar el tiempo de manera lineal, los

Los ciclos de 52 años y la Cuenta Larga

---

11 el lóbulo: Ohrläppchen

mayas desarrollaron la Cuenta Larga. Como otras sociedades de Meso-américa, los mayas consideraban que anteriormente habían existido otros mundos. Por eso fecharon la creación de su era actual en el año 3113 a.C., año en el que empezó la Cuenta Larga.

La escritura y las ciencias

El alfabeto maya constaba de un sistema de glifos[12], que son unos dibujos que representan sílabas y sonidos con diferente grado de abstracción. Cada glifo combina sílabas y sonidos para formar una o varias palabras. En cuanto a las ciencias, los mayas descubrieron el cero como concepto matemático mucho antes de que se conociera en Europa a través de los árabes. Además, midieron con gran exactitud el movimiento de la Tierra alrededor del sol y establecieron el principio del año bisiesto[13] unos mil años antes que Europa.

Estela maya de
Quirigua (Guatemala)

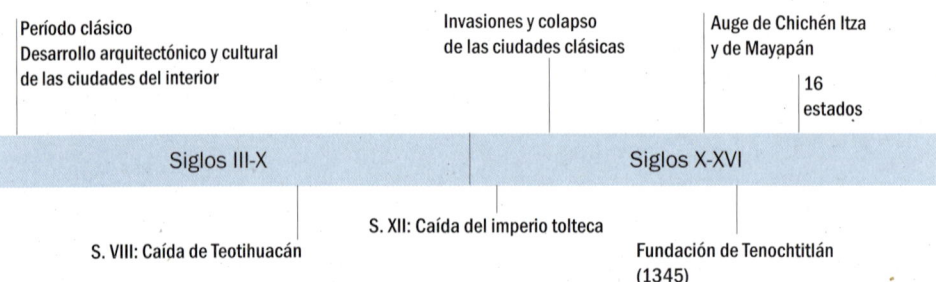

Período clásico		Invasiones y colapso	Auge de Chichén Itza
Desarrollo arquitectónico y cultural		de las ciudades clásicas	y de Mayapán
de las ciudades del interior			16 estados

Siglos III-X	Siglos X-XVI

S. VIII: Caída de Teotihuacán

S. XII: Caída del imperio tolteca

Fundación de Tenochtitlán (1345)

Para recordar:
- Las primeras poblaciones mayas datan del siglo X antes de Cristo. Su territorio se encontraba en México, Guatemala, Belice y el norte de Honduras y El Salvador.
- Los centros clásicos mayas fueron abandonados en el siglo X pero se fundaron otras ciudades en Yucatán.
- Los mayas tenían un alfabeto y un calendario altamente desarrollados. También conocían el cero.

📖 **Para saber más:**
Ciudades mayas: www.ciudadesmayas.com
Mundo maya, revista digital: www.mayadiscovery.com
Cultura y religión maya: www.cervantesvirtual.com/historia/TH/cosmogonia_maya.shtml
El calendario maya: www.mayacalendar.com

---

12 el glifo: Glyphe
13 el año bisiesto: Schaltjahr

■ Los aztecas

En poco menos de un siglo, los aztecas sometieron a varios pueblos del centro de México y erigieron un poderoso imperio. Su capital, Tenochtitlán, llegó a albergar unas 250.000 personas. Ellos mismos se denominaban mexicas o tenochcas, y aseguraban provenir de Aztlán, un sitio mítico. Así, azteca significa «la gente de Aztlán».

El Valle de México

El Anáhuac o Valle de México estaba compuesto por cinco lagos comunicados entre sí. Después de la caída del imperio tolteca en el siglo XII, varias tribus chichimecas del norte de México invadieron el valle, se apoderaron de sus ciudades y fundaron otras. En el siglo XIII, todo el valle quedó dividido en pequeños reinos. De modo que cuando los aztecas llegaron a finales de ese siglo, no fueron nada bienvenidos puesto que no había sitio para ellos.

Según una leyenda que relataba sus orígenes, la peregrinación hacia el valle de México comenzó en el año 1168 a instancias de **Huitzilopochtli**, un antiguo jefe azteca divinizado. Cuando llegaron al valle, los aztecas tuvieron que hacer de mercenarios para varias ciudades para poder quedarse. Pero siempre creyeron en la profecía de Huitzilopochtli: fundarían una ciudad en el lugar donde encontraran un águila posada en un nopal, un tipo de cactus, y devorando una serpiente. Esto sucedió en una pequeña isla árida del lago Texcoco en el año 1345. En ese sitio los aztecas fundaron **Tenochtitlán**, su futura ciudad imperial. La leyenda del águila y el nopal

Hasta el año 1425, Tenochtitlán fue creciendo en importancia pero estuvo sometida a la ciudad vecina de Azcapotzalco, y participó en su expansión territorial. Pero dos años más tarde el cuarto rey azteca, **Itzcóatl** (1426–1440), se alió con la ciudad de Texcoco (del mismo nombre que el lago). Ambas ciudades derrotaron Azcapotzalco con una tercera aliada, Tlacopán, y fundaron la **Triple Alianza**: Tenochtitlán, Texcoco y Tlacopán. Esta alianza marcó el principio de la expansión azteca. La Triple Alianza

> En los actuales billetes de 100 pesos mexicanos puede verse la figura de **Nezahualcóyotl**, «Coyote que ayuna» (1402–1472). Este personaje histórico fue el rey de Texcoco que se alió con los aztecas para formar la Triple Alianza. Pero Nezahualcóyotl también fue poeta, y sus poemas pertenecen a la literatura náhuatl prehispana. Sus poemas más famosos pertenecen al género de los *xochicuícatl*, cantos de flores o de alegría. Son poemas breves de temas metafísicos y líricos. Esta es, por ejemplo, la primera estrofa del poema «¿A dónde iremos?»: ¿A dónde iremos donde la muerte no exista?//Mas, ¿por esto viviré llorando?//Que tu corazón se enderece://aquí nadie vivirá para siempre.

La expansión

Los siguientes reyes impulsaron la expansión del imperio azteca. **Moctezuma** I (1440–1468) conquistó el valle de Oaxaca y ordenó construir un acueducto que transportase agua a Tenochtitlán. **Axayácatl** (1468–1481) incorporó definitivamente Tlatelolco, la ciudad-mercado, como barrio de Tenochtitlán. Tras el breve reinado de **Tizoc** (1481–1486), su hermano **Ahuítzotl** (1486–1502) llegó hasta Veracruz, en la costa del Atlántico, expandiendo el imperio de costa a costa. Los únicos pueblos que no se rindieron fueron Tlaxcala y Cholula. Tampoco **Moctezuma II** (1502–1520) consiguió su rendición. El último rey azteca se dedicó a consolidar sus dominios y a esperar el regreso de Quetzalcóatl, el dios serpiente.

Tenochtitlán

La ciudad que maravilló a los españoles se ubicaba en una isla dentro del lago Texcoco, hoy en día desecado. Estaba dividida en cuatro barrios o *calpulli*, a los que se añadió Tlatelolco a partir de 1473. Cada *calpulli* tenía su mercado o *tianquiztli*. De esta palabra náhuatl derivan los actuales «tianguis», pequeños mercados de un día del México actual. En el centro de la ciudad estaba el recinto sagrado, que entre otros monumentos albergaba el Templo Mayor, escenario de las fiestas anuales y de las entronizaciones de los reyes. Se llegaba a la ciudad mediante tres calzadas que la unían a las orillas del lago, o bien directamente en canoas.

Para la educación pública de los niños varones, en Tenochtitlán hubo dos clases de escuelas. Las *calmécac* eran internados para los hijos de los nobles. Las *telpochcalli* eran las escuelas de barrio para los niños plebeyos. En las dos los chicos se entrenaban en el servicio militar hasta los 16 años. En cuanto a otros servicios públicos, la ciudad se limpiaba regularmente. Los excrementos se recogían en canoas y servían de abono para las *chinampas*, islas flotantes donde los campesinos cultivaban maíz, frijoles o chiles en las orillas del lago y en las afueras de la ciudad. Las chinampas siguen usándose hoy en día.

La sociedad

En la cúspide[14] de la sociedad azteca estaba el rey, llamado *Huey Tlatoani* (Gran Orador). La herencia iba a un hermano, un sobrino o un hijo del rey. Al lado del rey gobernaba el *Cihuacóatl* (Serpiente Hembra). Tenía funciones de asesoramiento y de juez. La clase noble por debajo del rey eran los *tetecuhtin*, señores latifundistas y pertenecientes a los linajes más antiguos. Pero la nobleza no era un estamento cerrado. Soldados, mercaderes o sacerdotes destacados podían entrar en ella y pasaban a ser los *cuanhpipiltin*, los hijos del águila.

---

14 la cúspide: Spitze, Gipfel

La clase plebeya estaba formada por los *pochtecas*, los comerciantes de productos de lujo, los *macehualtin*, agricultores o artesanos; los *mayeque*, siervos de la tierra, y los *tlatlacotin*, los esclavos. Los *macehualtin*, como hombres libres, debían pagar tributos, mientras que los *mayeque* solo tenían la obligación de servir en la guerra. Los esclavos eran prisioneros de guerra o de tipo contractual para saldar una deuda o un tributo. En este caso la esclavitud no era hereditaria[15].

Los estamentos bajos

La base de la economía azteca eran los tributos de los estados sometidos. Las conquistas se hacían más para obtener nuevos tributos que para ganar tierras. En torno a ellos se desarrolló un gran tráfico de mercancías entre los lugares sometidos, Tlatelolco (el barrio-mercado de la capital), donde vivían los *pochtecas*, y la misma Technotitlán. La ciudad recibía los productos de la tierra, mantas de algodón, especias y productos artesanos. En el mercado de Tlatelolco se encontraban unas 25.000 personas todos los días, y como monedas se utilizaban semillas de cacao y mantas.

El mercado

La religión

Los aztecas estaban convencidos de que vivían en la era del quinto sol. Antes de ellos ya habían existido cuatro soles que habían muerto. El quinto sol nació en Teotihuacán, donde los dioses se arrojaron al fuego para crear el sol, la luna y los hombres. Como agradecimiento a este sacrificio, los aztecas instauraron sacrificios humanos en honor a los dioses.

Para cada divinidad había una forma particular de sacrificio humano. Los guerreros prisioneros eran entregados a Huitzilopochtli, el dios de la guerra.

Los sacrificios humanos

Huitzilopochtli

Las ofrendas a este dios eran tan importantes que de vez en cuando se organizaban guerras para obtener prisioneros, las guerras floridas. Otro dios importante era Tláloc, el dios del agua. Su capilla estaba junto a la de Huitzilopochtli en el Templo Mayor de Tenochtitlán y a él se sacrificaban niños ahogándolos en el agua.

El calendario

Como los mayas, los aztecas tenían un calendario ritual, el *tonalpohualli,* de 260 días, y otro solar, el *xíhuitl*, de 365 días. Este último calendario se dividía en 18 meses de 20 días y unos cinco días restantes que se consi-

---

15 hereditario/a: vererbbar

deraban nefastos[16]. Al transcurrir 52 años en los que ambos calendarios coincidían, se cerraba un ciclo, el *xiuhmolpilli*. Entonces se celebraba la ceremonia del Fuego Nuevo. En Tenochtitlán, además, cada 52 años el Templo Mayor se ampliaba.

Comienzo de la peregrinación azteca (1168)	Fundación de Tenochtitlán (1345)	Triple Alianza (1428)		Máxima expansión azteca (1502)
S. XII –XIII		S. XIV – XV		S. XVI

S. XII: Caída del imperio tolteca	Itzcóatl (1426–1440)	Moctezuma I (1440–1468)	Axayácatl (1468–1481)	Ahuítzotl (1486–1502)	Moctezuma II (1502–1520)

Para recordar:

♦ Los aztecas llegaron al Valle de México en el siglo XIII. Después de ascender al poder, forjaron las leyendas de su origen mítico.

♦ Hacia principios del siglo XVI, el imperio azteca controlaba todo el centro de México excepto Tlaxcala y Cholula.

♦ La sociedad azteca era estamental. Su economía dependía de los tributos y de los mercados.

📖 **Para saber más:**

Historia de los aztecas: www.portalplanetasedna.com.ar/aztecas.htm

El Templo Mayor: www.templomayor.inah.gob.mx

Instituto Nacional de Antropología e Historia (INAH): www.inah.gob.mx

---

16   nefasto/a: ahnungsvoll, unselig

■ Los incas

Al igual que los aztecas, los incas expandieron su imperio en menos de un siglo, de 1493 a 1525. El resultado fue el imperio más grande que ha habido jamás en el mundo, superior en extensión al **Imperio Romano**, el **Ming** de China o el **Imperio Otomano**.

Dos leyendas

Los cronistas españoles recogieron dos leyendas míticas que explican el origen de los incas, su llegada al valle de Cuzco y la fundación de la ciudad. La primera cuenta el peregrinaje de los hermanos Ayar, cuatro hombres y cuatro mujeres. Surgieron de la montaña Tambotoco, cerca de Cuzco. Tres de los hermanos varones se convirtieron en *huacas* o piedras sagradas, y al final Ayar Manco, más tarde llamado Manco Cápac, y su mujer-hermana Mama Huaco fundaron la ciudad de Cuzco.

Los ocho hermanos

La otra historia cuenta cómo los hermanos Manco Cápac y Mama Oc-llo salieron de las aguas del Titicaca y emprendieron un largo peregrinaje hasta el valle de Cuzco, donde fueron recibidos como los hijos del sol. Ambas leyendas, aunque distintas, relatan indirectamente tres aspectos incaicos comunes: el ascenso político de los incas, el primer rey histórico y la alta posición social de las mujeres nobles.

Los incas históricos: S. XIII–S. XVI

A pesar de ser uno de los personajes de las leyendas, parece ser que **Manco Cápac** (~1200–~1230) fue el primer rey inca histórico en el valle de Cuzco. Sin embargo, hasta el siglo XIV los incas fueron un pueblo más entre los que habitaban esta zona, como los ayamarca o los hualla. Tras varias guerras victoriosas y gracias a una hábil política de matrimonios y de alianzas, los incas afianzaron su poder sobre los demás pueblos. Después de Manco Cápac, quien hizo construir el *Inticancha*, el templo del sol, reinaron siete incas más: Sinchi Roca, Lloque Yupanqui, Mayta Cápac, Cápac Yupanqui, Inca Roca, Yahuar Huaca y Viracocha Inca.

Ninguno de estos soberanos expandió sus dominios más allá del valle de Cuzco. El hijo de Viracocha Inca, sin embargo, hizo cambiar el rumbo de la historia. En los últimos años del reinado de Viracocha, los chancas, provenientes de Ayacucho, quisieron invadir Cuzco. Viracocha Inca, en vez de defender la ciudad, se retiró y dejó la defensa en manos de su hijo Cusi Yupanqui. Este salió victorioso y fue elegido Inca. Cusi, entonces, se hizo llamar **Pachacútec Inca Yupanqui** (1438–1471). Pachacútec significa «Aquel que transforma el Mundo».

Victoria sobre los chancas

El *Tahuantinsuyu* (Las cuatro partes)

Los cuatro *suyus* y su administración

Con Pachacútec Inca Yupanqui empezó la formación del *Tahuantinsuyu*, el imperio inca. Además de someter todo el territorio chanca, Pachacútec conquistó el territorio comprendido entre Cajamarca, en el norte del Perú, y el lago Titicaca, que hoy hace frontera con Bolivia. En Cuzco, Pachacútec hizo construir nuevos barrios y remodelar el Inticancha, que pasó a llamarse *Coricancha*, recinto de oro. Bajo su reinado se construyó también el Machu Picchu, Montaña Vieja, como una residencia de descanso de Pachacútec con una zona agrícola permanentemente poblada.

Pachacútec dividió su imperio en cuatro *suyus* o provincias, delimitadas por líneas imaginarias que partían de la plaza principal de Cuzco. Los cuatro *suyus* eran: el *Antisuyu* al este, el *Contisuyu* al oeste, el *Chinchasuyu* al norte y el *Collasuyu* al sur. Al mismo tiempo, se desarrolló un sistema vial con caminos rectilíneos, puentes colgantes y *tambos*, posadas donde los viajantes y el ejército podían descansar y obtener comida.

La máxima expansión

El siguiente monarca, **Túpac Yupanqui** (1471–1493), fue el gran conquistador inca. En el norte anexionó el país de los chachapoyas, el reino de Chimor y el reino de Quito. En el sur conquistó Bolivia, el Tucumán en Argentina y la mitad norte de Chile. Su hijo **Huayna Cápac** (1493–1525) consolidó el imperio. Trasladó su corte a Quito, pero tanto él como su sucesor **Ninan Cuyuchi** (~1490–1527) murieron en una epidemia de viruela[17]. La viruela, una enfermedad europea y para la que los nativos no tenían defensas, llegó a Perú desde el Caribe, pasó luego por **Panamá**, **Colombia** llegando finalmente a **Ecuador**.

La guerra entre dos hermanos

Como para los incas no existía el derecho de primogenitura[18], dos hijos de Huayna Cápac se disputaron entonces el trono: **Atahualpa** (1500–1533), residente en Quito, y **Huáscar** (1491–1533), residente en Cuzco. En 1532 Atahualpa había ganado la guerra civil y se disponía a viajar a Cuzco para proclamarse soberano. En ese momento, sin embargo, llegaron los españoles a las costas de Ecuador.

Cuzco

La capital imperial inca, cuyo nombre significa «El ombligo del mundo», se construyó entre dos ríos, el Huatanay y el Tullumayo, que corren de norte a sur. En el extremo norte se encuentra la fortaleza de Sacsayhuamán. Visto desde arriba, el Cuzco antiguo tenía la silueta de un puma, con Sacsayhuamán como cabeza y el Tullumayo dibujando su espalda. El río Huatanay dividía la ciudad en dos mitades, el *Hanan Cuzco* y el *Hurin Cuzco*. Hanan Cuzco era la parte alta, con la mayoría de los monumentos y la plaza ceremonial Haucaypata.

---

17 la viruela: Pocken
18 la primogenitura: Erstgeburt

Machu Picchu, Perú

Sociedad

La base de la sociedad incaica eran los *ayllus*, conjuntos de familias con un antepasado común y que constituían una unidad económica. Los *ayllus* reales eran las *panacas*. Al convertirse en soberano, todos los reyes incas debían fundar su propia *panaca* o familia real. Los reyes incas muertos conservaban todas sus posesiones y tributos en vida y su momia era venerada[19].

Los *ayllus* y las *panacas*

Para consolidar las conquistas, la nobleza inca admitió a la nobleza de los pueblos sometidos. Eran los incas por privilegio. Vivían en Cuzco y llevaban unos grandes pendientes. Por esta razón, los españoles los llamaron más tarde «los orejones». En Cuzco vivían también los *yanas* y las *mamaconas*. Los *yanas* eran servidores que habían perdido el contacto con sus *ayllus*. Las *mamacona*s, por su parte, eran chicas elegidas para vivir en los *Aclla Huasi* o «Casas de las Escogidas». Servían al rey inca o en ceremonias religiosas. También podían ser entregadas como segundas esposas al mismo rey inca o a los señores locales.

«Orejones», *yanas* y *mama-conas*

La gran masa de la población andina la formaban los *hatun runa*, los hombres del común. Eran agricultores, pescadores o artesanos. También podían servir como *mitimaes*, grupos trasladados para controlar zonas rebeldes. En la costa vivían los mercaderes, descendientes del reino de Chincha, que no usaban dinero sino el trueque[20] como base mercantil.

Los *hatun runa*

---

19 venerar: verehren
20 el trueque: Tauschhandel

La base económica de la sociedad andina era la reciprocidad, que existía a dos niveles: entre los *ayllus*, y entre el Estado y la población. Para construir obras públicas, los soberanos incas necesitaban el apoyo de los señores locales. Ello lo conseguían con regalos y la entrega de mujeres con las que se conseguían lazos de parentesco. El pueblo, a su vez, realizaba trabajos comunitarios a cambio de recibir ayuda, ropa y comida. El *ayni* era el trabajo de ayuda mutua dentro de los ayllus. La *minka* era el cultivo de las tierras del señor local o del Estado. Finalmente, la *mita* era el trabajo en la construcción de obras públicas como los puentes o los almacenes estatales.

Religión

La divinidad máxima de los incas era *Inti*, el sol. Ellos mismos creían ser sus descendientes. Sin embargo, los incas incorporaron otras divinidades andinas, como Viracocha, proveniente del lago **Titicaca** o el oráculo de Pachacámac, cerca de Lima. Los incas también veneraban las *huacas*, lugares u objetos sagrados. Las *huacas* podían ser objetos de la naturaleza como piedras o fuentes. Las momias, sobre todo las de los soberanos muertos, y los santuarios también podían ser *huacas*.

La tecnología

Puentes colgantes y *quipus*

Los incas fueron unos grandes maestros en las técnicas textiles. Con fibras vegetales construían puentes colgantes altamente estables y seguros. Los *quipus* también se hacían con tejidos. Eran cuerdas anudadas de diferentes colores que registraban la población, los productos agrarios o los almacenados en los depósitos estatales. En cierta manera eran las calculadoras de los incas. Además, se piensa que incluso registraban acontecimientos históricos. Los *quipicamayos* eran los funcionarios especializados en su construcción y lectura.

En la agricultura, las técnicas hidráulicas y de cultivo de los incas eran muy avanzadas. En las costas desérticas construyeron canales de irrigación y usaban el guano, excrementos de aves fosilizados, como fertilizante. En las montañas se construyeron andenes[21] para aumentar la superficie de cultivo y evitar la erosión. En muchos centros ceremoniales se erigieron andenes de diferentes alturas para investigar el rendimiento de las plantas en diferentes pisos ecológicos.

---

21   el andén: (hier) terrassiertes Feld

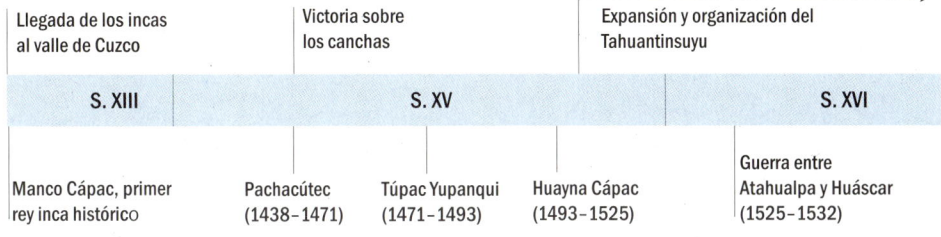

	S. XIII		S. XV			S. XVI

Llegada de los incas al valle de Cuzco

Victoria sobre los canchas

Expansión y organización del Tahuantinsuyu

Manco Cápac, primer rey inca histórico

Pachacútec (1438–1471)

Túpac Yupanqui (1471–1493)

Huayna Cápac (1493–1525)

Guerra entre Atahualpa y Huáscar (1525–1532)

Para recordar:

- ◆ Los incas llegaron al valle de Cuzco en el siglo XIII. Dos leyendas míticas explican su origen.
- ◆ El imperio inca, el *Tahuantinsuyu*, se extendió desde Ecuador hasta Chile.
- ◆ La sociedad inca era estamental. Su economía dependía de la reciprocidad y de la agricultura.

📖 **Para saber más:**

El imperio inca: http://incas.perucultural.org.pe
            www.portalinca.com
Arqueología andina: www.tiwanakuarcheo.net
El Machu Picchu: http://machupicchu.perucultural.org.pe

■ Ejercicios

1. **¿Lo has entendido? ¿Quién hizo qué? ¿Qué era qué? Ordena las personas o los hechos con los hechos históricos.**

El período clásico de los mayas …

Tanto los mayas como los aztecas …

Los aztecas fundaron su ciudad …

En Tlatelolco se celebraba …

El imperio inca se llamaba …

Los quipus eran …

…Tahuantinsuyu, las cuatro partes.

…cuerdas de colores que servían para calcular y registrar datos.

…el mercado más grande del imperio azteca.

…se dio entre los siglos III y X.

…en la isla donde encontraron un águila en un nopal y comiendo una serpiente.

…usaban dos calendarios y tenían ciclos de 52 años.

2. **Texto. Escribe una redacción sobre uno de estos temas.**
   1. Los mayas. Del período clásico al posclásico: historia y sociedad.
   2. Los aztecas. La leyenda de sus orígenes, su expansión y su sociedad.
   3. Los incas. Las dos leyendas de sus orígenes, su expansión y su sociedad.

3. **Debate. En pequeños grupos o toda la clase.**

   Los conquistadores españoles se mostraron escandalizados cuando vieron los sacrificios humanos que hacían los aztecas. Los suprimieron todos, así como la religión azteca. Pero introdujeron una institución española no menos cruel en esa época: la Inquisición.

   En dos grupos: uno defiende el punto de vista azteca, el otro el español. Cada grupo explica en qué consiste su religión y por qué hay castigos (los sacrificios aztecas y los autos de fe católicos).

   Sugerencia:
   El grupo «azteca» puede ver las reseñas del libro «El conquistador», del escritor argentino Federico Andahazi (www.andahazi.com), y el vídeo «El conquistador en Lima» en YouTube: Quetza es un joven azteca que llega a Europa antes de Colón. Desde allí nos narra sus aventuras y las extrañas costumbres de los europeos, que adoran a un dios muerto y queman a sus condenados.

   El grupo «español» puede ver el documental «La inquisición» en YouTube.

4. **Proyecto. En grupos, preparad un trabajo por escrito o como exposición oral sobre uno de estos temas:**
   1. El alfabeto maya.
   2. La ciudad imperial de Tenochtitlán.
   3. Historia de El Machu Picchu.

Rey Nezahualcóyotl en el billete de 100 pesos mexicanos

3. La conquista de medio continente

En este capítulo vamos a aprender:
- La llegada a las Antillas y su conquista
- La conquista de los imperios azteca e inca
- La conquista de Colombia y del Río de la Plata

Cuando se habla de América, suele decirse que este continente fue descubierto. En realidad, Colón solo llegó a sus costas buscando una ruta alternativa a la de África para llegar a Asia o las Indias, como se llamaba entonces. La sorpresa de haber llegado a un continente desconocido fue grande, y las consequencias no se hicieron esperar. En menos de sesenta años (1492–1548) los españoles ocuparon y conquistaron la mitad del continente americano: desde las Antillas hasta los Andes.

◼ La llegada a las Antillas y su conquista

Desde principios del siglo XV, **Portugal** y **Castilla** fueron los centros geográficos y financieros de la expansión europea hacia el Atlántico. A partir de 1453, la conquista otomana de **Constantinopla** dificultó el uso de las rutas comerciales hacia Asia por el este. Entonces los banqueros genoveses y florentinos se instalaron en Lisboa, Sevilla y Cádiz para invertir en el progreso técnico en navegación y en la exploración sistemática de África. A finales del siglo XV, los portugueses tenían el monopolio de la trata de esclavos[22] africanos y habían ocupado las **Azores** y **Madeira**. Solo faltaba descubrir el paso hacia Asia por el oeste, siguiendo la costa africana.

Cristóbal Colón

Nacido en Génova, Colón fue marinero desde joven. En 1477 se instaló en Portugal y se dedicó al comercio con África. Entre 1477 y 1481 fue forjando[23] su idea de la ruta a Asia por el Atlántico, que no era original pero sí novedosa. Colón, sin embargo, se equivocó en sus cálculos. Pensaba que la distancia entre Europa y Asia era cuatro veces menor que

El rechazo portugués

---

22 la trata de esclavos: Menschenhandel
23 forjar: (hier) ersinnen, ausbrüten

la real. Este error fue una de las razones por las que la corte portuguesa rechazó su proyecto. Otra fue que los portugueses habían invertido demasiado en la ruta de África.

La larga espera

Después de la negativa portuguesa, Colón se instaló en Huelva y se entrevistó con los **Reyes Católicos** en 1486. Una comisión de sabios deliberó hasta 1491 para decir finalmente que el reino de Castilla no apoyaría su proyecto. Colón, desesperado por la espera, había enviado sin éxito a su hermano Bartolomé a Francia y a Inglaterra en 1489. Pero en el año 1492 los Reyes Católicos volvieron a considerar la petición de Colón. En 1488, los portugueses habían descubierto por fin el paso a Asia por el Cabo de Buena Esperanza, y en 1492 en España la Reconquista había llegado a su fin con la toma de Granada. No teniendo nada que perder, en abril de 1492 los Reyes Católicos accedieron a financiar la expedición.

El primer viaje

Cristóbal Colón partió de Palos de la Frontera, en Andalucía, el 3 de agosto de 1492 con una flota de tres barcos. Según las Capitulaciones de Santa Fe que había firmado con los Reyes Católicos, había obtenido el título de Almirante de la Mar Oceánica y de Virrey de las tierras a descubrir. El 12 de octubre de ese mismo año llegaron a una isla llamada **Guanahani**, perteneciente al archipiélago de las actuales **Bahamas**. Entre octubre y diciembre de 1493 también desembarcaron en **Cuba** y en **La Española**, isla que actualmente está divida entre **Haití** y **La República Dominicana**.

Resistencia

Los nativos recibieron a los extraños viajantes con hospitalidad. Pero muy pronto experimentaron en su viva carne las verdaderas intenciones de los españoles, que saquearon, violaron e impusieron altos tributos. Las sublevaciones no se hicieron esperar en todas las islas. Uno de los caciques más famosos es Hatuey, cacique del pueblo taíno de Cuba. Cuando iban a quemarlo vivo después de ser apresado, un sacerdote quiso bautizarlo. Hatuey preguntó por qué, y el sacerdote le contestó que así podría ir al cielo, donde van todos los cristianos. Hatuey respondió que entonces no quería ser bautizado, porque no quería encontrarse con ningún cristiano más.

Los siguientes viajes de Cristóbal Colón (1493–1504)

El primer viaje fue una decepción porque no vieron ni oro ni especias. Sin embargo, Colón regresó a España convencido de que las islas que había descubierto se encontraban delante de la costa de Asia. Por esta razón, los viajes que emprendió Colón hasta su muerte tuvieron como objetivo encontrar el paso hacia Asia. En el segundo (1493–1496), Colón descubrió las **Antillas Menores**, en el tercero (1498–1500) la costa de Venezuela y la desembocadura del **Orinoco**, y en el cuarto (1502–1504), la costa de Honduras. Colón murió en el año 1506 en Valladolid sin saber

Llegada de Cristóbal Colón a las Bahamas

o querer reconocer que no había llegado a Asia, aunque había visto el gran caudal[24] del Orinoco. El Orinoco solo podía ser un río continental.

> La conquista de América también se dio a través de su nombre, impuesto por los europeos. En el año 1507, los cartógrafos alemanes Martin Waldseemüller y Matthias Ringmann publicaron un mapamundi con las nuevas tierras, a las que dieron el nombre de América. El nuevo nombre estaba en femenino por analogía a los otros continentes del mundo. ¿Pero por qué este nombre? En su obra *Lettera o Los Cuatro viajes* (1504), el mercader florentino Amerigo Vespuccio describió sus impresiones sobre el nuevo continente, donde había ido en diferentes expediciones para la corona castellana. Waldseemüller y Ringmann bautizaron las nuevas tierras con su nombre en su honor.

La colonización de las Antillas y el Caribe

A pesar de los poderes que Colón obtuvo con las Capitulaciones de Santa Fe, la Corona española controló la situación de los nuevos territorios desde el principio. Este control se dio a tres niveles: la administración, la organización del comercio y la evangelización cristiana. Para empezar,

El control de la Corona

---

24   el caudal: Wassermenge, -führung

en 1501 la Corona depuso a Colón como gobernador de La Española. Dos años más tarde se fundó la Casa de Contratación en Sevilla, que pasó a controlar las flotas que navegaban entre España y las Antillas. Y en 1511 se creó la Audiencia de Santo Domingo, el primer juzgado de la Corona española en las nuevas tierras.

La encomienda (1503)

En cuanto a la evangelización, esta se llevó a cabo mediante la llegada de las primeras órdenes religiosas y con el instrumento de la encomienda[25]. La población local plebeya fue repartida entre los conquistadores para que trabajara para ellos. Eran los encomendados. En contrapartida, el encomendador español debía evangelizar y mantener a los *indios*. Este sistema propició una explotación brutal en los primeros años, pero tanto la Iglesia como la Corona pusieron freno a la codicia de los conquistadores con sucesivas leyes.

Castilla del Oro (1509–1539)

Mientras se consolidaba la primera colonia en Cuba y La Española, a partir del 1509 diversas expediciones exploraron y colonizaron la zona comprendida entre los actuales Honduras, **Nicaragua**, Panamá y la costa de Colombia. Esta zona se la llamó **Castilla del Oro** y fue organizada como gobernación en el año 1514. Si las Antillas serán el trampolín para la conquista de México (1520–1521), Castilla del Oro lo será para la del Perú a partir de 1532.

Llegada a Guanahani (1492)	Siguientes viajes de Colón (1493–1506)	Colonización de Castilla del Oro (a partir de 1509)

La conquista del Caribe (1492–1514)

Colón nuevo gobernador designado por la Corona (1501)	Encomienda y Casa de Contratación (1503)	Audiencia en Santo Domingo (1511)

Para recordar:
- La llegada a América se debió a un error de cálculo de Colón, que estaba buscando una ruta a Asia por el oeste.
- Las Antillas y el Caribe fueron ocupados y colonizados en unos veinte años (1492–1514).
- La Corona controló desde el principio los nuevos territorios con la administración, el monopolio del comercio y la evangelización de la población local.

📖 **Para saber más:**
Cristóbal Colón: www.cervantesvirtual.com/portal/colon
La conquista: www.staff.uni-mainz.de/lustig/texte/antologia/antologi.htm
www.uc.cl/sw_educ/historia/conquista
La encomienda: www.gabrielbernat.es/espana/esclavitud/html/encomienda.html

---

25 la encomienda: Institution zur Zeit der Kolonisierung Amerikas

La conquista del imperio azteca

En solo tres años, de 1519 a 1521, un reducido grupo de españoles invadió y conquistó el vasto y poderoso imperio azteca. Dos factores jugaron a favor de los españoles. El primero fue su superioridad militar y tecnológica. El segundo fueron las propias tensiones dentro del reino azteca. Los totonacas, los tlaxcaltecas y otros pueblos sometidos a los aztecas se unieron a Hernán Cortés y colaboraron en su conquista. El precio, sin embargo, fue alto: la destrucción total de la gran Tenochtitlán y la abolición de las culturas autóctonas.

La rebelión de Cortés

A partir del 1500, los españoles exploraron la costa de México, desde Yucatán hasta la actual Florida en los Estados Unidos. Pero no fue hasta el año 1518 cuando Cortés organizó una expedición de conquista, a pesar de que no tenía permiso del gobernador de Cuba, Diego Velázquez. Cortés partió de Santiago de Cuba en noviembre de ese año con once naves y unos quinientos soldados. Para convencer a sus hombres que lo siguieran, hizo quemar las naves. De ahí viene la expresión «quemar las naves»[26]. Al año siguiente, fundó la Villa Rica de la Vera Cruz, cerca de la actual Veracruz. Con este truco rompió con Velázquez: el cabildo o concejo de la nueva ciudad lo eligió capitán de la expedición. A partir de entonces, Cortés se dirigirá directamente al emperador Carlos V en sus *Cartas de Relaciones* para justificar sus actos.

Quemar las naves

La marcha hacia el interior (1519)

Después de aliarse con los totonacas, que le aportaron unos 13.000 soldados, en agosto de 1519 Cortés emprendió la marcha hacia el interior de México. A pesar de las embajadas del emperador azteca Moctezuma II instándole a que abandonara el país, el avance fue imparable. Conquistaron Cholula, aliada de los aztecas, y se aliaron con los tlaxcaltecas, enemigos mortales de los aztecas. En noviembre de 1519 entraron en Tenochtitlán. El mismo Moctezuma los recibió y los alojó en el palacio de Axayácatl.

> Un personaje clave en la historia de la conquista de México es sin duda **Malintzin**, doña Marina o Malinche. Era de procedencia azteca noble pero de pequeña fue vendida como esclava a los mayas. Por eso hablaba el maya y el náhuatl, lo cual fue muy útil a los españoles. En marzo de 1519 fue entregada a Cortés con otras diecinueve mujeres esclavas y desde entonces acompañó al ejército español hasta el final de la conquista. Bernal Díaz del Castillo, soldado y cronista de la conquista, la llama «la lengua». Aunque en México actualmente se habla del *malinchismo* para referirse a una traición a la patria, este concepto es posterior a ella.

---

26 quemar las naves: alle Brücken hinter sich abbrechen

La conquista de Tenochtitlán (1519-1521)

El cautiverio de Moctezuma

A finales de noviembre, los aztecas atacaron a los españoles establecidos en la Villa Rica. Con este pretexto, Cortés tomó preso a Moctezuma hasta que se esclarecieran los sucesos. Este secuestro, que tomó a los aztecas por sorpresa, fue en realidad una acción desesperada de los españoles. Se encontraban en la boca del lobo[27] y eran minoría. Sin embargo, en los ocho meses del cautiverio, no hubo ningún intento de rescate o de fuga. Moctezuma no lo permitió. Es más, juró vasallaje a Carlos V y estuvo de acuerdo en que se suprimiera la religión azteca.

El emperador Moctezuma

En abril de 1520 Cortés tuvo que abandonar la ciudad para atacar a la expedición de castigo que había mandado Velázquez desde Cuba. En su ausencia, sin embargo, los aztecas se sublevaron. En junio, Cortés regresó y recuperó la ciudad en la batalla del Templo Mayor. Para calmar a la población, además, Cortés pidió a Moctezuma que hablara al pueblo, pero según las crónicas españolas este recibió una pedrada y murió al cabo de unos días. Este fue el punto de

Sublevación en Tenochtitlán y la *Noche Triste*

no retorno para los españoles. La noche del 30 de junio abandonaron la ciudad, con los tlaxcaltecas y la familia de Moctezuma. Aunque pudieron escapar, durante la partida hubo una gran matanza, por lo que esta fecha se recuerda con el nombre de la *Noche Triste*.

Entre 1520 y 1521, el ejército de Cortés conquistó varios pueblos del interior de México, como Oaxaca o Cuauhnahuac, la actual Cuernavaca. Otros se sometieron voluntariamente, como el reino de Alcolhua, cuya capital era Texcoco. De esta manera los aztecas se fueron quedando poco a poco sin aliados. En otoño de 1520, además, Cortés mandó construir trece barcos

Ofensiva contra Tenochtitlán

Hernán Cortés

en Tlaxcala, que fueron desmontados y transportados a Texcoco. En abril de 1521 todo estaba a punto para la ofensiva contra la capital azteca. Con los barcos y cuatro ejércitos repartidos desde Texcoco, Coyoacán, Tacuba e Iztapalapa, el asedio[28] empezó el 31 de mayo y terminó seis semanas más tarde. El 13 de agosto de 1521, Cortés y sus aliados entraron triunfantes en la ciudad arrasada.

27   la boca del lobo: die Höhle des Löwen
28   el asedio: Belagerung

Cortés desembarca en la costa de México y marcha hacia el interior (1519)	Matanza del Templo Mayor y Noche Triste (1520)	Conquista del interior y asedio a Tenochtitlán (1520–1521)

Conquista del imperio azteca	
Diversas expediciones exploran el litoral mexicano (1500–1518)	Llegada a Veracruz de una expedición para castigar a Cortés (abril de 1520)

Para recordar:
- El imperio azteca fue conquistado en solo tres años, de 1519 a 1521.
- El emperador Moctezuma fue secuestrado, pero desde su cautiverio colaboró con los españoles. Se desconocen sus motivos.
- Cortés y su ejército recibieron el apoyo logístico de las poblaciones locales enemigas de los aztecas.

📖 **Para saber más:**
Hernán Cortés: www.motecuhzoma.de/start-es.html
La visión de los vencidos: http://biblioweb.dgsca.unam.mx/libros/vencidos/

Cortés con su intérprete Malintzín

■ La conquista del imperio inca

Francisco Pizarro

La conquista del imperio inca fue muy parecida a la mexicana: un ejército reducido, unos cien hombres, captura el monarca y se alía con los pueblos locales. Esta coincidencia no fue casual. Francisco Pizarro, el español que conquistaría el imperio inca, conocía la historia de México y sabía lo que tenía que hacer. Sin embargo, la conquista del imperio inca no fue ni tan rápida ni tan fácil. Duró dieciséis años, y hasta 1572 no se desmanteló[29] el último reducto de cultura inca independiente, el estado inca de Vilcabamba.

La emboscada de Cajamarca

Después de firmar las capitulaciones[30] para conquistar el Virú o Perú con la emperatriz Isabel, esposa de Carlos V, Pizarro y sus socios organizaron desde Panamá un viaje de expedición. En 1532 llegaron a Tumbes, en Ecuador. Allí supieron de la guerra civil entre los hermanos Huáscar y Atahualpa. Sabiendo eso, Pizarro no lo dudó: iría a capturar a Atahualpa.

Atahualpa

Atahualpa, vencedor sobre su hermano, se dirigía desde Quito a Cuzco para proclamarse Inca. Al ser informado de que esos extranjeros barbudos y pálidos solicitaban audiencia, accedió a dirigirse a Cajamarca. Su ejército, de unos cincuenta mil hombres, empezó a llegar allí el 15 de noviembre de 1532. Pizarro escondió a sus cien soldados y sesenta caballos alrededor de la plaza de Cajamarca. Pero Atahualpa no tenía prisa y se tomó su tiempo en aparecer. El miedo entre los españoles iba en aumento. Después de un angustiante día de espera, hacia el atardecer del día siguiente Atahualpa entró en la plaza acompañado por unos seis mil hombres desarmados.

El ataque y la captura

Según todas las versiones, cuando Atahualpa se paró en el centro de la plaza, el fraile Vicente de Valverde se dirigió a él y le mostró la Biblia. Atahualpa la tiró al suelo, y acto seguido Pizarro ordenó el ataque. La sorpresa de los caballos y las armas de fuego para los incas fue total, y no hubo la mínima resistencia. En menos de dos horas los españoles masacraron a los hombres de Atahualpa, y en medio del caos Pizarro lo salvó de la matanza general. Atahualpa, en el cénit de su poder, había subestimado a los extranjeros y había sido vencido por la curiosidad.

29 desmantelar: auflösen
30 la capitulación: (hier) Vertrag

Muerte de Atahualpa y marcha hacia Cuzco

Entre noviembre de 1532 y julio de 1533 Atahualpa permaneció cautivo. Para pagar su rescate, Atahualpa hizo llevar grandes cantidades de oro y plata a Cajamarca, mientras los españoles pedían refuerzos. Pero este tesoro no le sirvió de nada. Después de ser repartido entre los conquistadores, el resto del tesoro fue fundido y enviado a España. Y en julio de 1533 Atahualpa fue ajusticiado a causa de ciertos rumores de sublevación. Pizarro estaba en contra, pero se sintió presionado por el ejército de **Almagro**, uno de los socios de Pizarro y que acababa de llegar. Quería ir a Cuzco, legendaria por sus riquezas.

Cuzco y sus alrededores se encontraban entonces ocupados por tres ejércitos de Atahualpa. Por eso la fracción de Huáscar consideró a los españoles libertadores de Cuzco, y en vez de unir fuerzas contra ellos se alió con Pizarro. Incluso **Manco** (también llamado Manco Cápac II, ~1515–1544/45), príncipe fugitivo de Atahualpa, se unió a los españoles. Pizarro y su ejército entraron en la ciudad en diciembre de 1533 y Manco fue coronado Inca bajo el vasallaje de Carlos V. Luego, en la capital del imperio inca los españoles organizaron uno de los pillajes[31] más fenomenales de la historia. El legado artístico de templos como el Coricancha se perdió para siempre.

Cuzco en poder de Pizarro

> Durante la marcha hacia Cuzco, los españoles acamparon en el valle donde está la actual ciudad de Jauja. Entonces existía allí la población Hatun Xauxa. Durante su estancia en el valle, los españoles se sirvieron de los almacenes del estado inca, los *tambos*. Estos almacenes estaban llenos con todo tipo de bienes, de modo que los españoles pudieron vivir lujosamente por un tiempo. Más tarde, en el valle se descubrieron minas de metal precioso. Así nació la expresión «esto es Jauja», que significa que algo es próspero y abundante.

Conquista, rebeliones y guerras civiles

Los siguientes años estuvieron marcados por la ocupación imparable del imperio inca, dos grandes rebeliones y varias guerras civiles entre los españoles por el control del país. Entre 1534 y 1535, los ejércitos de Pizarro, Manco y los pueblos aliados como los Huaca o los Cañari derrotaron a los ejércitos de Atahualpa. Al mismo tiempo, en 1535 Pizarro fundó Lima y Almagro se fue en expedición al norte de Chile.

Pero mientras Pizarro estaba en Lima, Cuzco quedó en manos de sus hermanos pequeños Juan y Gonzalo, que trataron muy mal a Manco. Este huyó en abril de 1536 y organizó la primera rebelión importante. Su ejército puso sitio[32] a Cuzco y Lima pero fue derrotado en 1537. Al año siguiente hubo una segunda rebelión, que también fue sofocada. Enton-

El estado independiente de Vilcabamba (1538–1572)

---

31 el pillaje: Plünderung
32 poner sitio: belagern

ces, Manco y sus allegados[33] se refugiaron en la sierra de Vilcabamba. El estado independiente de Vilcabamba sobrevivió hasta 1572 y tuvo cuatro Incas, todos herederos legítimos de Huayna Cápac, el padre de Huáscar y Atahualpa.

Entre los españoles, las tensiones entre Pizarro y Almagro fueron en aumento. En 1537, después de reconquistar Cuzco, los dos bandos se enfrentaron hasta la derrota de Almagro. Pero en 1541 le llegó el turno al mismo Francisco Pizarro, que fue asesinado en Lima. En 1545 estalló otra guerra, esta vez contra la Corona y las Nuevas Leyes (1542) que había promulgado el emperador Carlos V. Las Nuevas Leyes limitaban el sistema de la encomienda, lo cual perjudicaba a los españoles. La rebelión fue sofocada en 1548 con la muerte de **Gonzalo Pizarro**, que estuvo a punto de proclamarse rey del Perú. A partir de esta fecha, la Corona tomó las riendas[34] de los nuevos territorios.

Encuentro en Cajamarca y secuestro (1532)	Muerte de Atahualpa (1533)	Fundación de Lima (1535)	Guerras civiles entre los españoles (1537–1548)
Conquista del imperio inca			
	Rebeliones de Manco (1536 y 1537)		Estado independiente de Vilcabamba (1539–1572)

Para recordar:
- La conquista del imperio inca fue parecida a la de México pero duró mucho más tiempo.
- Después de asesinar al último Inca y entrar en Cuzco, los españoles ocuparon el resto del imperio en medio de grandes tensiones entre ellos por controlar el país.
- Manco pasó de colaborar con los españoles a rebelarse abiertamente. En 1539 se refugió en las montañas y fundó el estado independiente de Vilcabamba.

📖 **Para saber más:**
La conquista del Perú: www.educared.pe/estudiantes/historia2/index.htm
Blog sobre la historia del Perú: www.enlaceshp.blogspot.com/

---

33 el/la allegado/a: Nahestehende(r), Verbündeter
34 tomar las riendas: die Zügel in die Hand nehmen

■ La conquista de Colombia y del Río de la Plata

El asentamiento colonial de estas dos zonas de América del Sur fue posterior al de México y Perú, aunque ya desde principios del siglo XVI se habían organizado expediciones de exploración. En ambas regiones, el motivo principal fue siempre la búsqueda del paso hacia el **Mar del Sur**. En Colombia y **Venezuela**, además, se fue forjando la leyenda de **El Dorado**, una ciudad mítica en el centro de Colombia que se suponía que estaba construida de oro.

Las tres expediciones

En el año 1535 empezó a llegar a España el tesoro inca y se desató[35] de nuevo la fiebre del oro en América del Sur. La costa del Caribe ya estaba poblada por europeos, pero estaba dividida en dos gobernaciones, la de Colombia y la de Venezuela. Así, en los años 1536 y 1537 respectivamente se organizaron dos expediciones paralelas: la de **Gonzalo Jiménez de Quesada** desde Colombia y la de **Nicolás Federmann** desde Venezuela.

La expedición de Quesada remontó el río Magdalena y llegó al valle de Bogotá en 1537. En solo un año de batallas y saqueos, Quesada derrotó al pueblo muisca, y en agosto de 1538 fundó Santa Fe de Bogotá. Al año siguiente llegó al valle la expedición de Federmann, que había bajado desde los Llanos de Venezuela. Federmann estaba al mando de los Welser, una familia de banqueros de Augsburgo. Los Welser habían obtenido la gobernación de Venezuela y el derecho de su exploración a cambio de varios préstamos otorgados a Carlos V.

Quesada y Federmann

El mismo año 1539 llegó a Bogotá una tercera expedición. Era la de **Sebastián de Benalcázar**, que venía de Quito. Benalcázar había conquistado Quito sin permiso de la Corona. Para escapar de la justicia, decidió ir en búsqueda del país de El Meta, el rey legendario también conocido como El Dorado. Para aclarar quién sería el gobernador de las nuevas tierras, Quesada, Federmann y Benalcázar viajaron a España. Fue Benalcázar quien consiguió finalmente la gobernación de la futura Nueva Granada, que comprendió territorios de los actuales países de Colombia, Venezuela, Panamá y Ecuador.

Sebastián de Benalcázar

---

35 desatarse: entfachen

Las leyendas de El Dorado y de las amazonas americanas fueron las quimeras más grandes de la época. El Dorado era un príncipe que se hacía cubrir todos los días en polvo de oro y se bañaba por las noches en un lago. La leyenda se fue difundiendo y amplificando a partir de 1541, dando lugar a varias expediciones que entraban cada vez más en la selva del Amazonas. Muy conocidas son las de **Orellana** y **Aguirre**, que navegaron por todo el río Amazonas hasta su desembocadura. Los cronistas de estas expediciones también describieron a las poblaciones que encontraban. La leyenda de las amazonas fue probablemente fruto de los miedos masculinos hacia las mujeres libres, porque en las poblaciones que encontraron a lo largo del Amazonas las mujeres tenían más libertades que las de España en esa época. Y el país de El Dorado, por supuesto, nunca se encontró.

El Río de la Plata

Hernando de Magallanes

La zona del Río de la Plata ya se conocía desde 1516 como mínimo. Después de la expedición de **Magallanes**, que en 1521 encontró por fin el paso al océano Pacífico, el emperador Carlos V renunció a la pretensión de colonizar las Molucas, la tierra de las Especerías que ya Colón había buscado. Como Magallanes era portugués, Carlos V no quiso molestar Portugal. Por eso a partir de entonces el interés español por la zona del Río de la Plata disminuyó.

Pero ante el oro del imperio inca y el avance imparable de los portugueses desde el Brasil, en 1534 Carlos V encargó a Pedro de Mendoza que organizara una expedición de conquista y lo nombró gobernador de las nuevas tierras a conquistar. Pedro de Mendoza llegó a la desembocadura del Río de la Plata en 1536 y fundó Nuestra Señora de Santa María del Buen Ayre. Los españoles, sin embargo, recibieron una fuerte resistencia por parte de los querandíes, pueblo vecino a los guaraníes, que arrasarían el primer Buenos Aires en 1541.

La primera fundación de Buenos Aires

A causa de la resistencia de la población local, el capitán de Mendoza, Juan de Salazar, abandonó el primer Buenos Aires y fundó Asunción en 1537, ubicada en las orillas del río Paraguay. La futura capital del Paraguay se convirtió en la capital del Río de la Plata, desde donde los españoles exploraron y colonizaron **Argentina**, **Uruguay** y **Paraguay**. Pero como la nueva colonia necesitaba una salida al mar directa, Buenos Aires volvió a ser fundada en el año 1580 en su actual emplazamiento[36].

---

36 el emplazamiento: Standort

		Fundación de Bogotá (1538)	
Quesada (1536-1539)	Federmann (1537-1539)	Benalcázar (1538-1539)	Encuentro y partida a España (1539)

Colombia y el Río de la Plata

	Fundación de Asunción (1537)	
Expedición de Pedro de Mendoza Primera fundación de Buenos Aires (1536)		Segunda fundación de Buenos Aires (1580)

Para recordar:
- La conquista de estas dos regiones fue la más tardía de todas.
- En el interior de América del Sur, las exploraciones buscaban la ruta hacia el Mar del Sur y el legendario reino de El Meta.
- El asentamiento en El Río de la Plata empezó por Asunción, la actual capital de Paraguay.

📖 **Para saber más:**
Historia de Colombia: www.todacolombia.com
Primera fundación de Buenos Aires: www.saber.golwen.com.ar/primerafund.htm
Historia del Paraguay: www.miparaguay.dk/castellano/historia/

■ Ejercicios

1. ¿Lo has entendido? Ordena las frases cronológicamente.

Cristóbal Colón llegó al archipiélago de las Bahamas en 1492 después de atravesar el Atlántico. ☐

La encomienda fue instaurada para que los nativos se pusieran al servicio de los españoles, que a cambio debían evangelizarlos. ☐

Después de la muerte de Moctezuma, Cortés tuvo que abandonar Tenochtitlán durante la llamada Noche Triste. ☐

El príncipe inca Manco se unió a los españoles porque era enemigo de Atahualpa. Sin embargo, unos años más tarde se sublevó. ☐

Atahualpa también fue secuestrado y retenido como Moctezuma. ☐

A Colombia llegaron tres expediciones simultáneas: Quesada desde Colombia, Federmann desde Venezuela y Benalcázar desde Ecuador. ☐

2. **Texto. Escribe una redacción sobre uno de estos temas.**
   1. La llegada a América de Cristóbal Colón. Contexto europeo y circunstancias españolas.
   2. Comparación de las dos conquistas de México y de Perú.
   3. La llegada de unos extraños visitantes desde el punto de vista de los americanos: las consecuencias, su comportamiento, sus costumbres, etc.

3. **Debate. En pequeños grupos o toda la clase.**

   ¿Creéis que los españoles fueron justos al conquistar las culturas americanas de la manera como lo hicieron?
   Antes de debatir, preparad el debate y escribid posibles argumentos, teniendo en cuenta la época y su mentalidad.

4. **Proyecto. En grupos, preparad un trabajo por escrito o como exposición oral sobre uno de estos temas:**
   1. El sistema de la encomienda.
   2. Tenochtitlán antes de su destrucción.
   3. El estado independiente de Vilcabamba.
   4. La leyenda de El Dorado.

Murales Diego Rivera, Mercado en Tlatelolco

4. La época colonial (S. XVI–XVIII)

■ La colonia bajo los Austrias (S. XVI–XVII)

A medida que se iba conquistando el vasto territorio entre México y Argentina, el reino de Castilla se vio con la tarea de administrar y fiscalizar las nuevas tierras, que eran reinos a nivel jurídico pero en realidad colonias en materia económica. La Corona y la Iglesia católica impusieron además la nueva religión católica, persiguiendo las religiones y tradiciones autóctonas. Por último, se fue formando una nueva sociedad totalmente diferente a la anterior: una sociedad de castas y con esclavos traídos de África.

El desastre demográfico

La primera consecuencia grave de la conquista fue el derrumbe demográfico de la población autóctona durante la primera mitad del siglo XVI. Las cifras no son seguras y varían mucho según las zonas. Antes de la llegada de los españoles, existían en todo el continente (también América del Norte), entre 60 y 100 millones de personas. Durante la primera mitad del siglo XVI, en la América conquistada por el reino de Castilla, murió entre el 80% y el 90% de la población. Por ejemplo, en el imperio azteca se calcula que vivían alrededor de 25 millones de habitantes. A principios del siglo XVII vivía el 3% de esta cifra.

Las causas de este desplome demográfico fueron varias. En primer lugar, los españoles y los primeros esclavos negros llevaron epidemias europeas como la gripe o la peste para las que la población autóctona no tenía defensa alguna. En segundo lugar, la explotación laboral fue desde un principio brutal y forzada, puesto que los españoles no iban a América a trabajar. Todo esto provocó una desgana vital colectiva en muchas comunidades, que se unió al choque psicológico por la conquista. Las bajas por las guerras o el hecho de que los españoles reubicaran[37] a las

---

37 reubicar: (hier) neu unterbringen

poblaciones autóctonas forzosamente para poder facilitar la recogida de sus tributos y su evangelización fueron otros motivos de mortalidad.

Recuperación y consecuencias

La población se recuperó de manera bastante lenta y desigual, pero excepto en el Caribe, a finales del siglo XVII la población autóctona empezó a estabilizarse en todo el continente. Sin embargo, en ese siglo la población ya era otra. A principios del siglo XVI aumentó el número de mestizos y de inmigrantes españoles, cuyos descendientes formarían la clase criolla. Y por otro lado, sobre todo en las zonas tropicales floreció la trata de esclavos africanos y por tanto su población.

La justificación jurídica de la conquista

Por el principio del descubrimiento, en el año 1493 el papa Alejandro VI otorgó el derecho de propiedad de las nuevas tierras a los Reyes Católicos en las *Bulas de Donación*. Al año siguiente, Castilla y Portugal firmaron el **Tratado de Tordesillas**, a partir del cual Portugal pudo colonizar las tierras del futuro Brasil. Las demás potencias europeas, sin embargo, nunca aceptaron las bulas papales, y a partir del siglo XVII su presión política y económica sobre las colonias americanas fue en aumento.

Estatus jurídico de las nuevas tierras y sus habitantes

Jurídicamente, los nuevos territorios se incorporaron como los "Reinos de Indias" a las posesiones de la monarquía de los Austrias con el mismo estatus que sus demás reinos, como Flandes o Sicilia. Pero como en realidad se trataba de la ocupación militar de unos territorios paganos, en seguida surgió una gran polémica. Castilla había obtenido la jurisdicción a cambio de evangelizar la población, pero a la cual había que hacer la guerra para someterla.

Requerimiento y vasallaje

Para resolver el dilema de si la guerra contra los «indios» era justa o no, el jurista Palacios Rubios redactó en 1514 el Requerimiento, un discurso que se debía leer antes de las batallas. En el texto se explicaba que el mundo es propiedad de Dios y del Papa, y se pedía a la población que aceptara el vasallaje de Castilla y que se convirtiera a la fe católica. De otro modo serían sometidos por la fuerza. Evidentemente, este documento fue una farsa absoluta, puesto que se leía en español y muchas veces incluso a varios kilómetros del territorio a conquistar. Además, a medida que iba avanzando la conquista, la población indígena era declarada menor de edad de por vida[38] aunque era súbdita del rey. Los españoles varones inmigrados también eran súbditos, pero mayores de edad.

La conquista espiritual

La Iglesia Católica llevó a cabo la conquista espiritual del continente americano. La organización eclesiástica se desarrolló a lo largo del siglo XVI, con la creación de varias diócesis, obispados y arzobispados. También se crearon tres tribunales de la Inquisición en Lima (1570), México

---

38 de por vida: lebenslang

(1571) y Cartagena de Indias (1610), pero su papel no fue tan importante como en España, sobre todo porque la Corona prohibió que los moros y los judíos emigraran a las Indias.

> Durante e inmediatamente después de la conquista, algunos personajes importantes de la Iglesia dedicaron su vida a la defensa de los «indios». El más conocido es **Bartolomé de Las Casas** (1502–1566), cuyos escritos influyeron la legislación para América durante el reinado de Carlos V. Su obra más importante es la *Brevísima relación de la destrucción de las Indias*. El franciscano **Bernardino de Sahagún** (1499–1590) escribió múltiples obras bilingües en náhuatl, español y latín. Se dedicó de lleno al estudio de la cultura e historia azteca. Su obra magna, que escribió durante treinta años, es la *Historia General de las cosas de la Nueva España*.

Como medida de control espiritual y político de la población indígena, la Iglesia Católica, con el beneplácito[39] de la Corona, concentró a la población autóctona en poblados que se llamaban «reducciones», donde los indios vivían aislados de los españoles y cultivaban tierras comunales. El primer modelo para las reducciones fueron los hospitales-pueblo creados por **Vasco de Quiroga** en México a partir de 1537. Las reducciones más conocidas son las misiones de los jesuitas, que se establecieron en Paraguay y Brasil entre los siglos XVII y XVIII.

Reduccciones

La administración de las colonias

Desde España, el gobierno de los Reinos de Indias se ejerció a través de dos instituciones generales, la Casa de Contratación de Sevilla (1503) y el Consejo de Indias (1517). La principal función de La Casa de Contratación fue controlar el tráfico económico y recaudar los impuestos para la Corona. El Consejo de Indias aconsejaba al rey y dictaba la política general con la legislación y el nombramiento de los virreyes y los oidores (jueces) para las Audiencias, los juzgados de América.

Instituciones peninsulares

Una gran parte de las leyes del Consejo de Indias regulaba el trato brutal y de explotación de los españoles americanos para con[40] la población indígena. Por eso, los españoles se opusieron a ellas desde un principio. El enfrentamiento más grave tuvo lugar en Perú durante los años 1545 a 1548 a raíz de las *Leyes Nuevas* (1542). Las Leyes Nuevas pretendieron anular los privilegios de los encomenderos[41] a favor de la población autóctona. Durante estos años, Gonzalo Pizarro, hermano pequeño del conquistador, estuvo a punto de proclamarse rey del Perú hasta que fue ejecutado en 1548.

La legislación americana

---

39 el beneplácito: Genehmigung
40 para con: gegen(über)
41 el encomendero: Kolonisator mit Privilegien

Virreinatos, gobernaciones y cabildos

Instituciones
americanas

Las posesiones americanas fueron divididas en dos grandes Virreinatos, el de Nueva España (1535) y el del Perú (1544). Nueva España tenía como capital México y comprendía el actual México, el sur de los Estados Unidos, el Caribe y Centroamérica. El Virreinato del Perú gobernaba Panamá, Colombia, Venezuela, Ecuador, Bolivia, Perú, Chile (hasta la ciudad de Valdivia), Paraguay, Uruguay y Argentina (sin la Patagonia).

Los Virreyes fueron nobles españoles nombrados por un cierto tiempo. Además de ser gobernadores, eran presidentes de las *Audiencias* (juzgados), jefes militares y supervisores de la Real Hacienda. Por su gran extensión, los virreinatos fueron divididos en *Gobernaciones*. A nivel local, las ciudades eran gobernados por los *cabildos*, los concejos municipales[42]. A partir del siglo XVII, la Corona vendió los cargos de los cabildos y de las Audiencias. Esto dio pie a una masiva corrupción y a un fortalecimiento de las élites criollas.

La economía

Aunque los territorios americanos eran legalmente unos reinos más dentro del imperio español, su economía estuvo desde el principio al servicio de la Corona, con un paréntesis durante el siglo XVII, cuando la economía interna floreció. La mayor parte de su producción se dedicaba a la exportación a Europa, oficialmente a través de España. Los impuestos al comercio y al consumo también servían para financiar la metrópoli. Por otra parte, las comunidades indígenas tenían que pagar tributo, a diferencia de los españoles, que no pagaban impuestos. De esta manera, la población indígena, que no conocía el dinero, se vio obligada a entrar en los circuitos monetarios de la economía capitalista occidental.

El monopolio

El comercio con las «Indias» se organizó como monopolio a través de la Casa de Contratación de Sevilla. Legalmente ningún extranjero tenía permiso para comerciar con las Indias, y los comerciantes americanos solo podían comerciar a través de España. La Corona quería así controlar las remesas[43] de plata y oro, de las que dependía su política europea y el pago a los banqueros genoveses y alemanes. Al mismo tiempo pretendía mantener a raya[44] la producción americana. Se prohibió el comercio interamericano y se impuso la compra de productos españoles.

El contrabando:
el comercio libre
americano

Sin embargo, la realidad del comercio americano fue otra. La Corona española nunca invirtió la riqueza americana en el fomento de la industria americana y la propia española. Ni España producía todo lo que América necesitaba ni tampoco podía absorber toda la producción americana. Por eso, los americanos comerciaban también directamente con Inglaterra, los Países Bajos y otros países europeos a través del contrabando, que en el siglo XVII aumentó significativamente.

---

42 el concejo municipal: Gemeinderat
43 la remesa: Ablieferung, Übersendung
44 mantener a raya: beschränkt halten

Virreinato del Perú

Otra manera de escatimar[45] el control español fue la piratería. Uno de
los piratas más famosos fue **Francis Drake**, que actuó al servicio de la
Corona inglesa. En 1586 atacó las ciudades de Santo Domingo en la isla
La Española (hoy Haití y República Dominicana) y Cartagena de Indias.
Ambas ciudades tuvieron que pagar un alto rescate para que Drake y sus
hombres se retiraran. Por otra parte, las potencias europeas fueron ganan-
do terreno en el Caribe. Por ejemplo, en 1655 los ingleses conquistaron
Jamaica y en 1697 España cedió a Francia la mitad occidental de La
Española (Haití).

Piratería y
ampliación de
territorios

---

45   escatimar: schmälern

El sistema de flotas

La Carrera de Indias

A partir de 1543 los comerciantes de Sevilla, México y Lima mantuvieron un sistema de flotas anuales para canalizar el monopolio americano, la llamada *Carrera de Indias*. Estos comerciantes se organizaron en consulados que obtuvieron el permiso exclusivo del rey para comerciar. Buenos Aires tenía prohibido el comercio directo con España y debía abastecerse a través del consulado de Lima. La flota de México unía los puertos de Sevilla y Veracruz, mientras que la del Perú salía de la costa de Panamá. Con la incorporación de las Filipinas al imperio español a partir de 1565 se organizó la ruta entre Acapulco y Manila. No obstante, este sistema de flotas nunca funcionó a causa del contrabando y de los ataques de los piratas. Durante la Guerra de Sucesión Española (1700–1714) se paralizó completamente. En 1735 la Corona se rindió a la realidad y la suspendió.

La minería

Aunque América producía muchos y variados productos de exportación, como el azúcar, el cacao o el café, el oro y la plata fueron las mercancías por excelencia durante los tres siglos de colonización. Durante la primera mitad del siglo XVI dominó el oro del Caribe y de los tesoros conquistados. A partir de 1545, con el descubrimiento de Potosí, en el Alto Perú (Bolivia), la plata dominó las exportaciones. En el siglo XVI Potosí fue el yacimiento más importante, mientras que en el siglo siguiente la plata de México ganó en importancia, con yacimientos como Zacatecas o Sombrerete.

El cuatequil y la mita

Para suplir[46] la falta de mano de obra en las minas, la administración colonial revitalizó el trabajo forzado para la población indígena, que no podía ser esclavizada. En México se volvió al *cuatequil* azteca, y en Perú a la *mita* incaica. Ambos sistemas habían sido tributo en trabajo de la población que a cambio recibía sustento del monarca. En el sistema colonial, sin embargo, la mita y el cuatequil fueron trabajo forzado bajo unas condiciones terribles y con una remuneración muy baja. No fueron abolidos hasta el siglo XIX.

Requerimiento (1514)	Virreinato de Nueva España (1535)	Carrera de Indias (1543)	Virreinato del Perú (1544)	Rebeliones en Perú (1545–1548)	Aumento de las remesas de plata y del comercio ilegal	
		Siglo XVI			Siglo XVII	
	Consejo de Indias (1517)	Nuevas Leyes (1542)			Jamaica inglesa (1655)	Paz de Rijswijk: Haití francés (1697)
Casa de Contratación de Sevilla (1503)						

46 suplir: ergänzen, ersetzen

■ El período borbónico (S. XVIII)

Durante el siglo XVIII, América se convirtió en un campo de batalla más de las guerras europeas del siglo, tras las que Inglaterra se erigió como nueva potencia económica mundial. Para hacer frente a este nuevo reto, la Corona española emprendió reformas administrativas y fiscales. También se invirtió en la fortificación de las principales plazas fuertes y en la creación de un ejército local de defensa. Estas reformas, sin embargo, frenaron la pequeña autonomía política y económica que la América española había alcanzado en el siglo anterior.

Las reformas administrativas

El siglo XVIII empezó con un cambio de monarquía a raíz de la Guerra de Sucesión Española (1700–1714). Los Borbones abogaban por el poder absoluto del rey, y para ello idearon varias reformas centralistas tanto en España como en las colonias. En América se crearon dos Virreinatos más: en 1739 el Virreinato de Nueva Granada (actualmente Panamá, Ecuador, Colombia y Venezuela); y en 1776 el Virreinato del Río de la Plata (Bolivia, Argentina, Uruguay y Paraguay). Chile, dependiente del Virreinato del Perú, se convirtió en una Capitanía General en 1778 para apoyar su expansión al sur del río Bío-Bío.

Nuevos Virreinatos

Otras dos medidas de reformas y de control sobre las colonias fueron la introducción de los intendentes, venidos desde España, y la reestructuración de las Audiencias. Los intendentes debían mejorar la gestión administrativa y fiscal de los Virreinatos, limitando la concentración de poderes de los virreyes. En las Audiencias se prohibió la venta de cargos judiciales para debilitar el poder de las élites locales y se impusieron nuevos funcionarios peninsulares. Pero lo que para la Corona significaba una mejora administrativa, desde América se interpretó como un agravio comparativo[47], puesto que las élites se vieron de repente sin poder político.

Los nuevos funcionarios ilustrados

---

47 el agravio comparativo: Ungleichbehandlung

El espíritu ilustrado del siglo XVIII también caló entre las élites americanas. Los ilustrados, sin querer cambiar las estructuras sociales, creían en el valor de la ciencia y la razón. Así, se fundaron numerosas universidades (La Habana, Santiago de Chile, Quito, etc.) y centros científicos como el *Observatorio astronómico de Bogotá*. También se fundaron tertulias y asociaciones de intelectuales, como la *Sociedad de los Guadalupes* (México) o la *Sociedad Económica de Investigaciones* (Argentina). Entre los intelectuales americanos de la época destacan el filósofo mexicano **Benito Díaz de Gamarra**, el médico ecuatoriano **Eugenio Espejo** o el peruano **Pablo de Olavide**.

Las reformas económicas

Mercantilismo y libre comercio interamericano

Según la teoría dominante de la época, el mercantilismo, que predicaba el fomento del comercio exterior y del proteccionismo, los territorios americanos debían acentuar su condición colonial. Se persiguieron dos objetivos principales: las colonias debían abastecer a la metrópoli con metales preciosos y materias primas y al mismo tiempo convertirse en consumidores de productos importados. De esta manera, se limitó la producción de productos que podían competir con los peninsulares, como el vino o las telas y el monopolio de los consulados de comerciantes americanos.

Pero al mismo tiempo, a partir de entre 1765 y 1789 se permitió el comercio libre entre los puertos americanos y españoles y en 1774 se legalizó el tráfico entre Nueva España y Perú. También se declaró libre de impuestos la trata de negros en el Caribe y en Venezuela para fomentar la producción de azúcar. La Corona también aumentó la presión fiscal, puesto que no solo necesitaba financiar sus propias reformas, sino defender sus posesiones en América de la presión europea.

Fortificaciones y ejército

Durante los enfrentamientos de la Guerra europea de los Siete Años (1756–1763), en 1762 los ingleses atacaron La Habana y la ocuparon durante un año. A partir de esta fecha se inició un plan de fortificaciones en la mayoría de ciudades del Caribe y la creación de milicias locales, compuestas por civiles blancos, mestizos o negros, pero no indios. Los mandos estaban reservados a la élite criolla blanca, que vio en este servicio una oportunidad de ascenso social y que con el tiempo adquirió una experiencia militar muy valiosa para las guerras de independencia.

Victorias pírricas

Con estas medidas fue posible expulsar a los portugueses de la Colonia de Sacramento (actual Uruguay) en 1776, se apoyaron a los futuros Estados Unidos de América en su guerra de independencia contra Inglaterra (1776–1783), recuperándose Florida, y se puso freno a la expansión territorial británica en el Caribe. Sin embargo, la Corona no pudo hacer frente a los enormes gastos de ambas empresas. Entre otras cosas, el pago a las milicias era muy irregular o inexistente. Esto fortaleció una vez más a las élites locales, que al pagar de sus bolsillos a las milicias las instrumentalizaron para sus intereses.

Rebeliones

Aunque en los siglos anteriores siempre había habido movimientos de oposición al sistema colonial, las reformas borbónicas provocaron importantes alzamientos desde México hasta Perú. Dos insurrecciones importantes fueron las de los comuneros en Paraguay (1721–1735) y en Nueva Granada (1781). En Paraguay las protestas se dirigieron contra los gobernadores y su política, mientras que en Nueva Granada la furia popular clamó contra el aumento de la presión fiscal.

Pero la rebelión quizá más importante fue la de **Túpac Amaru II** en Perú. Su nombre real era José Gabriel Condorcanqui Noguera, y era un noble indígena, descendiente de los últimos soberanos incas. A finales de 1780 se alzó contra los altos tributos y la mita. Al principio su rebelión fue apoyada por mestizos y criollos, pero cuando los focos rebeldes se extendieron por todo el Perú en su nombre, el movimiento derivó en una guerra racial y social: indios pobres y sometidos contra mestizos y criollos ricos. Después de sitiar[48] Cuzco sin éxito en enero de 1781, Túpac Amaru fue traicionado y condenado a muerte junto con toda su familia.

Túpac Amaru, el último inca

Comuneros en Paraguay (1721–1735)	Virreinato de Nueva Granada (1739)	Liberalización del comercio (1765–1789)	Virreinato del Río de la Plata (1776)	Rebeliones en Nueva Granada y Perú (1780–1781)

Siglo XVIII

Guerra de Sucesión española (1700–1714)	Guerra de los Siete Años y ocupación de La Habana (1756–1763)	Guerra de Independencia de las Trece Colonias (Estados Unidos) (1776–1783)

Para recordar:
- Las reformas borbónicas pretendían mejorar la administración y la fiscalidad, pero en realidad pusieron freno a la insurgente autonomía americana.
- La Corona reforzó con poco éxito la defensa militar de sus posesiones americanas.
- El descontento de las élites y la población por las reformas fue muy grande y en aumento.

📖 **Para saber más:**
Reformas borbónicas: www.tareaescolar.net/materias/historia%20colombia/borbon.htm?zoom_highlight=borbon
Argentina: www.argentina-rree.com/2/2-004.htm
Perú borbónico: http://peruborbon.blogspot.com/

---

48 sitiar: belagern

■ La sociedad colonial

La invasión española supuso el derrumbe repentino de las sociedades precolombinas. Aunque siguió existiendo una nobleza nativa, los españoles implantaron la sociedad corporativa típica del Antiguo Régimen, con separación por estamentos[49] y donde había muy poca movilidad social. En América además se le añadió el factor racial: blancos, mestizos, mulatos, negros e indios.

Indios, españoles y negros

Después de la conquista y su desastre demográfico, durante el reinado de Felipe II (1556–1598) se intentó separar jurídicamente la sociedad entre la «República de indios» y la «República de españoles». Esta separación, sin embargo, fue ficticia, puesto que desde el principio de la conquista, por violaciones o por relaciones extramatrimoniales, surgieron hijos mestizos. Y si bien es cierto que la mayoría de la población indígena vivía en comunidades rurales y los españoles en las ciudades, también hubo indios en las ciudades y españoles en el medio rural.

La trata de negros

Por otro lado, el desastre demográfico y el nuevo sistema económico que impusieron los europeos a las nuevas tierras fomentó la trata de negros, uno de los negocios más infames de la historia de la humanidad. Ya Carlos V instauró la trata de negros como monopolio real y la arrendó a comerciantes flamencos, alemanes, holandeses y portugueses. La trata de negros fue un negocio triangular entre Europa, el Caribe y África. Pero los esclavos solían huir y formar comunidades independientes, los *palenques*, y algunos pudieron emanciparse e integrarse en la vida urbana.

En las ciudades coincidieron todas las castas y todos los estamentos. Se estructuraban en torno a la Plaza Mayor o de Armas. A partir de 1573 todas las ciudades pasaron a ser construidas según un padrón rectangular. Cada cuadrícula recibió el nombre de «cuadra», como todavía se dice hoy en día. Las ciudades también reflejaban el orden social americano: en el centro vivían los estamentos ricos y en los arrabales los más modestos. En estos arrabales se instalaron diferentes tabernas: las «pulquerías» en Nueva España, las «chicherías» en Perú y las «pulperías» en el Río de la Plata. Tanto el *pulque* como la *chicha* eran bebidas de origen indígena, y estos nombres siguen usándose hoy en día en sus respectivos países actuales.

Las castas y los estamentos

En los tres siglos de la colonia, hubo dos sistemas de separación social: las castas y los estamentos. Las castas se basaban en criterios raciales, mientras que los estamentos se regían por criterios jurídicos y económicos. Aunque hubo una pequeña movilidad entre los dos sistemas, generalmente las castas y los estamentos coincidían.

---

49 el estamento: Gesellschaftsschicht, Stand

«Mestizo. Con Yndia. Producen Cholo»

«Español. Con Yndia Serrana o café[t]ada. Producen Mestizo»

Había dos castas generales, la de los blancos y la de los mestizos y mulatos. Los blancos a su vez estaban divididos entre los criollos, americanos de nacimiento, y los «chapetones» o «gachupines», españoles venidos directamente de la metrópoli. Estos últimos se mezclaban con la élite americana y tenían hijos criollos. La casta blanca solía pertenecer al estamento aristocrático o eclesiástico, pero también hubo criollos y españoles de estamentos inferiores, básicamente pequeños comerciantes y artesanos. Las mujeres blancas eran menores de edad de por vida, a excepción de las viudas.

La casta de los blancos

La casta de mestizos y mulatos, inferior a la de los blancos, se dividía entre los mestizos, los mulatos y los zambos. Los mestizos o «cholos» eran hijos de blancos e indios. Los mulatos lo eran de blancos y negros, y los «zambos» de indios y de negros. Esta primera diferenciación fue complicándose con más denominaciones como por ejemplo los «cuarterones» o «castizos», hijos de blancos y mestizos. Por otro lado, los indios que abandonaban sus comunidades para vivir en las ciudades eran declarados mestizos aunque no lo fueran por nacimiento.

La amplia casta de los «no blancos»

Estatus social y jurídico de la población autóctona

Los indios se encontraban fuera del sistema de castas porque desde un principio se les dio un estatus jurídico propio. Fueron declarados menores de edad y recluidos en comunidades rurales. Con esta medida la Corona defendió sus tierras de la codicia de los primeros encomenderos, pero esta política fue también paternalista y tuvo una finalidad claramente de control civil y espiritual. Como puente entre los dos mundos existieron las figuras del «corregidor de indios», encargado de administrar las comunidades, y los «curacas», normalmente descendientes de la antigua nobleza autóctona y que se encargaban de recoger el tributo comunitario.

Castas					Estamentos	Indios
Blancos		Casta de los «no blancos»: Mestizos y Mulatos			Aristócratas (blancos, hijos criollos con criollos y/o con chapetones). Nobleza e Iglesia	Estatus jurídico propio. Control civil y espiritual.
Criollos (españoles nacidos en América)	Chapetones o Gachupines (españoles de España)	Mestizos o cholos (hijos de blancos e indios)	Mulatos (hijos de blancos y negros)	Zambos (hijos de indios y negros)	Estamentos inferiores (mestizos y mulatos, también españoles y criollos pobres)	Los indios que abandonaban sus comunidades para ir a las ciudades podían entrar en la casta mestiza.
Cuarterones o castizos: hijos de blancos y mestizos / mulatos						

Para recordar:
- La estructura de la sociedad colonial se regía por estamentos y castas.
- Las castas se definían por criterios raciales y también económicos.
- La población autóctona recibió un estatus social y jurídico propio, pero bajo control y sometimiento de las élites blancas.

📖 **Para saber más:**
La sociedad colonial: www.portalplanetasedna.com.ar/sociedad_colonial.htm
Historia de Iberoamérica (S. XV–XVIII): www.puc.cl/sw_educ/historia/iberoamerica/index.html
El Virreinato del Perú: www.educared.edu.pe/estudiantes/historia3/index.htm

■ Ejercicios

1. **¿Lo has entendido? Marca si las frases son verdaderas o falsas.**

	V	F
La población autóctona siguió siendo la misma después de la llegada de los españoles.	☐	☐
La Corona de Castilla gobernó las colonias americanas desde España y con instituciones americanas locales.	☐	☐
La realidad comercial de América terminó pronto con las intenciones monopolísticas de la Corona de Castilla.	☐	☐
Los Borbones introdujeron pocos cambios en las colonias americanas.	☐	☐
La población indígena, los «indios», estaba fuera del sistema social de las castas y los estamentos.	☐	☐

2. **Texto. Escribe una redacción sobre uno de estos temas.**
    1. Consecuencias para la población indígena de la conquista.
    2. La economía de las colonias americanas durante los siglos XVI, XVII y XVIII.
    3. La sociedad colonial.

3. **Debate. En pequeños grupos o toda la clase.**
    ¿Por qué se redactó el Requerimiento? ¿Creéis que los españoles tenían derecho a imponer su punto de vista a la población americana autóctona?

    Antes de debatir, preparad el debate y escribid posibles argumentos.

4. **Proyecto. En grupos, preparad un trabajo por escrito o como exposición oral sobre uno de estos temas:**
    1. El desastre demográfico, sus causas y sus consecuencias.
    2. Los Virreinatos entre los siglos XVI y XVIII.
    3. La minería y el trabajo forzoso de la población indígena (cuatequil y mita).
    4. La sociedad colonial.

5. La independencia y formación de los nuevos países americanos

En este capítulo vamos a aprender:
- La independencia de España (1808–1826)
- La consolidación de los países de América Latina en el siglo XIX
- El imperialismo estadounidense y fin del imperio colonial español

■ La Independencia de España (1808–1826)

En solo 18 años, todo el imperio español en América excepto Cuba, Puerto Rico y la República Dominicana se independizó, y surgieron nuevos países independientes. El hecho decisivo fue la pérdida de legitimidad de la Corona española durante la invasión napoleónica de España (1808–1813). Sin embargo, el proceso de independización no fue en todas partes igual. Mientras que por ejemplo en Nueva España la rebelión empezó bastante temprano y por iniciativa del pueblo, Perú siguió fiel a la colonia hasta la llegada de los ejércitos libertadores de **José de San Martín** y **Simón Bolívar** (1783–1830).

Monarquía sin rey

Acontecimientos en España (1808–1810)

En su guerra contra Inglaterra, **Napoleón** (1769–1821) quiso bloquear el comercio inglés con Europa apoderándose de toda la **Península Ibérica**. Para ello Napoleón obligó al rey de España **Carlos IV** a abdicar[50] en su hijo **Fernando**. Pero Napoleón dio entonces la corona española a su hermano José Bonaparte e invadió España. Inmediatamente, en todo el país estalló la Guerra de la Independencia y se crearon Juntas[51] en varias ciudades en nombre de Fernando, todavía príncipe. En 1810 la última ciudad libre de la ocupación francesa era Cádiz, y allí se trasladó la Junta Central. En Cádiz la Junta fue disuelta y se nombró un Consejo de Regencia para que convocara elecciones a Cortes Generales.

Juntas de Gobierno

Entre 1808 y 1810, en América también se proclamaron Juntas para hacer frente al nuevo vacío de poder. Actuaban en nombre del rey considerado legítimo, Fernando VII. Sin embargo, los criollos[52] fueron reemplazando a los españoles peninsulares. Se sentían herederos de un poder que había caído. En 1810 las élites americanas no aceptaron la autoridad del Consejo de Regencia y rompieron abiertamente con el régimen anterior.

---

50 abdicar: abdanken
51 la junta: Ratsversammlung
52 el/la criollo/a: Kreole, Kreolin (Angehörige(r) der weißen Oberschicht)

En menos de medio año, en la mayoría de las capitales de los virreinatos y capitanías se formaron Juntas de Gobierno propias.

Pero muchas zonas se mantuvieron fieles a la Corona, como el Virreinato del Perú y Venezuela, por lo que el movimiento autonomista fue muy desigual. Además, Fernando VII, ya restaurado en el trono en 1814, envió tropas de reconquista a América. Hasta 1817 las tropas americanas leales al rey y las españolas obtuvieron algunas victorias sobre las fuerzas criollas autonomistas. La revolución criolla era no obstante imparable. Ante el temor a una revolución social de la población indígena y la esclava, los criollos tomaron la iniciativa para mantener el orden social que la metrópoli ya no podía garantizar. Los criollos introdujeron al mismo tiempo algunas reformas liberales, como la abolición del tributo indígena o de los títulos nobiliarios.

Breve restauración del orden imperial (1814–1817)

El Virreinato del Río de la Plata

De todos los virreinatos españoles, el del Río de la Plata fue el primero en independizarse definitivamente y el único en no ser reconquistado por España. Durante la Revolución de Mayo de 1810, un cabildo[53] abierto de Buenos Aires destituyó al virrey y proclamó una primera junta de gobierno. Aun así, la independencia definitiva de España no se declaró formalmente hasta seis años más tarde, durante el Congreso de Tucumán, porque hasta el año 1829 las regiones interiores se rebelaron constantemente contra las pretensiones centralistas de Buenos Aires. Con la subida al poder del caudillo **Juan Manuel de Rosas** en 1829 empezó una época de relativa estabilidad, hasta su caída en 1852.

Tres regiones periféricas del Río de la Plata no reconocieron la autoridad de Buenos Aires: el Alto Perú (la futura Bolivia), la Banda Oriental (el futuro Uruguay) y Paraguay. Paraguay declaró su independencia en 1813. El Alto Perú se convirtió en un campo de batalla entre Buenos Aires y el Virreinato del Perú, hasta que en la batalla de Sipe-Sipe de 1815 el Alto Perú fue conquistado por Perú, que todavía era partidario de España. La Banda Oriental fue ocupada dos veces por los portugueses, mientras los patriotas luchaban por su independencia y Buenos Aires por recuperarla. En el año 1828 se firmó la paz por mediación británica y dos años más tarde fue proclamada la República Oriental del Uruguay.

La quiebra del Virreinato de la Plata

El Virreinato de Nueva Granada

La liberación del Virreinato de Nueva Granada se debe en gran parte a los esfuerzos de Simón Bolívar, militar criollo de Venezuela y formado en España. Con la victoria de la Batalla de Boyacá (1819) empezó la liberación final. En el mismo año se celebró el congreso de Angostura (hoy en día Ciudad Bolívar, en Venezuela) y se proclamó la independencia de

La Gran Colombia (1808–1830)

---

53   el cabildo: Stadtrat

Colombia, país formado por los actuales países Colombia, Venezuela y Ecuador. Actualmente, el estado creado por Bolívar se conoce como la Gran Colombia para que no se confunda con la República de Colombia.

Colombia, Venezuela y Ecuador

Hasta el año 1823 siguieron las guerras para liberar Gran Colombia. Venezuela fue liberada en 1821, y Ecuador al año siguiente. En 1821 el Congreso de Cúcuta aprobó una constitución centralista, formando los departamentos de Nueva Granada, Venezuela y Quito. Bolívar fue elegido presidente y **Francisco de Paula Santander** (1792–1840) vicepresidente. Sin embargo, a medida que la liberación avanzaba, las fuerzas federalistas[54] fueron desgastando la idea de la unidad de Gran Colombia. Así, en 1829 y 1830 Venezuela y Ecuador se declararon independientes respectivamente. Tras la muerte de Bolívar el mismo año 1830, Santander gobernó Nueva Granada (la futura Colombia) hasta su fundación como nuevo estado dos años más tarde.

Chile y Perú

El libertador San Martín

En 1814 José de San Martín, un militar criollo también formado en España y gobernador de Cuyo, Argentina, concibió la estrategia de liberar Perú cruzando los Andes y atacando Lima por mar. La travesía de los Andes tuvo lugar en 1817 con un ejército chileno y argentino, que liberó Chile al año siguiente. Una asamblea nombró Director Supremo del nuevo estado a un general de San Martín, O'Higgins. Chile no logró una cierta estabilidad política hasta el año 1833.

Liberado Chile, San Martín prosiguió en 1819 su marcha hacia Perú, que hasta ese momento había permanecido fiel a España. La llegada de San Martín hizo cambiar las cosas. Durante el año 1820 algunas ciudades como Trujillo o Cajamarca se declararon independientes, y después de cesar[55] al virrey Abascal, un cabildo abierto declaró la independencia en 1821. Las fuerzas a favor del rey, no obstante, mantenían sus posiciones en varios puntos del país, sobre todo en el Alto Perú. San Martín, entonces, pidió ayuda a Simón Bolívar. Ambos libertadores se entrevistaron en Guayaquil en julio de 1822.

Perú y Bolivia liberados

Después de la entrevista, San Martín decidió dimitir y dejar el campo libre a Bolívar, que fue nombrado dictador de Perú en 1824. Bolívar y uno de sus generales, Sucre, vencieron ese mismo año a las fuerzas realistas, que capitularon tras dos batallas históricas: la de Junín y la de Ayacucho. Pero El Callao, ciudad al oeste de Lima, y el Alto Perú todavía resistían. En 1825 Sucre derrotó a las fuerzas leales al rey español y el congreso de Chuquisaca declaró la independencia del Perú. En honor a los dos libertadores, el Alto Perú pasó a llamarse Bolivia y la ciudad de Chuquisaca Sucre. En cuanto a El Callao, sucumbió definitivamente en 1826, dando fin a las guerras de independencia.

---

54 federalista: föderalistisch
55 cesar: (hier) des Amtes entheben

Simón Bolívar (1783–1830) fue un excelente militar que dedicó su vida y fortuna a la causa independentista. Después de la muerte de su primera y única esposa (1803) juró no volverse a casar. Pero el gran amor de su vida fue Manuela Sáenz, que fue su amante desde 1822 hasta 1830 y llegó a ser coronela de sus ejércitos. Además de militar, Simón Bolívar fue también un gran político e intelectual. En 1812 publicó el *Manifiesto de Cartagena,* en el que analizó por qué había fracasado la Primera República de Venezuela (1810–1812). Tres años más tarde publicó la *Carta de Jamaica.* En ella ideó la creación de una confederación americana bajo el nombre de Colombia. Y en el *Discurso de Angostura* (1819) anunció los contenidos de la primera constitución de Colombia (Colombia, Venezuela y Ecuador), que se publicó en 1821. En su novela *El general en su laberinto,* Gabriel García Márquez relata el último viaje de *El Libertador* Simón Bolívar a la vez que narra su vida personal y política.

Nueva España (México)

En toda la colonia española, la revolución contra el orden colonial la llevó a cabo[56] la élite criolla. La única excepción fue en Nueva España, cuya revolución empezó como insurrección social contra criollos y españoles. El 16 de septiembre de 1810 el cura[57] **Miguel Hidalgo** (1753–1811) llamó a la insurrección en el famoso **«Grito de Dolores»** y formó un ejército de hasta ochenta mil indígenas que estuvo a punto de tomar la capital Ciudad de México. En su avance, el ejército de Hidalgo arrasó propiedades y organizó matanzas indiscriminadas de españoles, como la de Guanajuato el mismo septiembre de 1810. Aunque la insurrección seguía siendo exitosa, Hidalgo fue apresado y fusilado al año siguiente.

El «Grito de Dolores»

La rebelión continuó en manos de **José María Morelos** (1765–1815). Entre 1812 y 1815 Morelos tomó varias ciudades y buscó el apoyo de los criollos liberales. En 1813 convocó una asamblea nacional en Chilpancingo y proclamó la independencia de la **República de Anáhuac**. Pero como Hidalgo, Morelos fue traicionado en 1815. Entre 1815 y 1820 los conservadores sofocaron la rebelión social. Los criollos preferían el orden colonial a enfrentarse a la realidad social del país.

Morelos (1812–1815) y reconquista (1815–1820)

Sin embargo, en 1820 estos mismos criollos dieron un giro radical. En España los liberales se habían rebelado contra la monarquía absolutista de Fernando VII y habían restaurado la Constitución liberal de 1812. Entonces el Virrey Apocada la proclamó también para el Virreinato de Nueva España. Sin embargo, los criollos no aceptaron esta constitución, a sus ojos demasiado liberal. Uno de ellos, el general **Iturbide** (1783–1824), anunció en 1821 el **Plan de Iguala**, que incorporaba tres garantías: independencia, catolicismo e igualdad de todos los mexicanos. Al año siguiente Iturbide fue proclamado emperador con el nombre de Agustín I, pero abdicó en 1823 y fue fusilado al año siguiente. Después de su muerte el Congreso redactó la primera constitución republicana de México.

Los criollos se rebelan por fin. Primer Imperio Mexicano (1822–1823)

---

56 llevar a cabo: ausführen
57 el cura: Pfarrer

Centroamérica

La Capitanía General de Guatemala fue la primera región en declarar su independencia en 1821. Le siguieron El Salvador, Nicaragua, Honduras y Costa Rica. Hasta 1823 todos ellos se unieron a México, pero después de la caída de Iturdibe proclamaron su independencia con el nombre de Provincias Unidas de América Central. Panamá, por su parte, se incorporó a Colombia también en 1823.

Cinco pequeños países

Sin embargo, pronto empezaron las tendencias separatistas y las disputas entre federalistas y centralistas. Entre 1826 y 1829 hubo una guerra civil, de la que salió victorioso el hondureño **José Francisco Morazán** (1792–1842), presidente de las Provincias Unidas entre 1830 y 1839. Estas se desintegraron al final de su presidencia. Nicaragua fue la primera provincia en declarar su independencia definitiva en 1838 y El Salvador la última, en 1841.

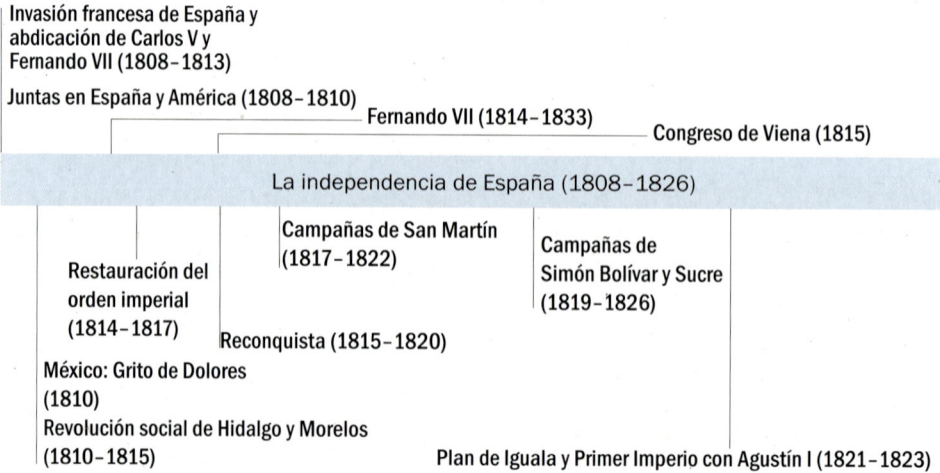

Invasión francesa de España y abdicación de Carlos V y Fernando VII (1808–1813)

Juntas en España y América (1808–1810) — Fernando VII (1814–1833)

Congreso de Viena (1815)

La independencia de España (1808–1826)

Campañas de San Martín (1817–1822)

Campañas de Simón Bolívar y Sucre (1819–1826)

Restauración del orden imperial (1814–1817)

Reconquista (1815–1820)

México: Grito de Dolores (1810)

Revolución social de Hidalgo y Morelos (1810–1815)

Plan de Iguala y Primer Imperio con Agustín I (1821–1823)

Para recordar:

♦ Los acontecimientos en España durante la ocupación francesa (1808–1813) fueron el detonante que precipitó las guerras de independencia de la colonia.

♦ En América del Sur, dos ejércitos continentales fueron decisivos para la liberación de los países: los de Simón Bolívar y los de José de San Martín.

♦ Excepto en México, todas las revoluciones las empezaron los criollos. Tomaron la iniciativa política porque España ya no podía garantizar sus privilegios sociales.

📖 **Para saber más:**

Próceres de Latinoamérica: www.pachami.com/laspuertas/latinoamerica.html
Simón Bolívar: www.cervantesvirtual.com/bib_autor/bolivar
José de San Martín: www.todo-argentina.net/biografias/san_martin/index.htm

La consolidación de los países de América Latina en el siglo XIX

Después de la independencia, todos los países de América Latina vivieron una prolongada época de inestabilidad política. Las élites, dominadas por militares y caudillos regionales, se enfrentaron en sucesivas guerras civiles marcadas entre las tendencias liberales y conservadoras, hasta que a finales de siglo ganaron las primeras. Estas luchas impidieron la creación de estados democráticos y de un desarrollo económico interno. Por otra parte, dos guerras en América del Sur trazaron las fronteras de Paraguay y Bolivia hasta nuestros días, la de la Triple Alianza (1865–1870) y la del Pacífico (1879–1883). A finales de siglo, América Latina recobró una cierta estabilidad política y su economía se integró a los mercados mundiales.

Inestabilidad política y económica (1830–1850)

Durante estas dos décadas, en todos los países hubo sucesivas guerras civiles y presidentes militares. Todos los estados tuvieron que hacer frente a gobiernos débiles y a unos gastos militares que podían suponer el 50% del presupuesto estatal. Al mismo tiempo, la mayoría de los países recurrieron a la deuda externa para poder pagar sus gastos. También necesitaron firmar tratados comerciales con Gran Bretaña y de cooperación con los Estados Unidos para obtener el reconocimiento político internacional. La legislación se limitó a la redacción de constituciones liberales o conservadoras según quien gobernara en ese momento. La legislación indiana[58] colonial fue modificada poco a poco, y se empezaron a implantar las ideas liberales sobre la ciudadanía y la igualdad ante la ley, aunque sin cambios sociales de fondo.

Militarismo y deuda externa

De los acontecimientos de esta época, el más importante fue la guerra entre México y los Estados Unidos. Desde principios de siglo, México dejó entrar colonos ingleses en Texas. En 1836 Texas se declaró independiente de México y en 1845 el Congreso de los Estados Unidos aceptó el nuevo territorio a pesar de que era esclavista. Como el gobierno mexicano del general **Santa Anna** (1794–1876) no aceptó esta unión, un año más tarde los Estados Unidos declararon la guerra a México. La guerra terminó en 1848 con la derrota de México. Además de Texas, México perdió casi la mitad de su territorio: Arizona, California, Nevada, Utah y parte de Colorado, Nuevo México y Wyoming.

Guerra contra los Estados Unidos (1846–1848)

---

58   indiano/a: der Kolonie angehörig (16. bis 18. Jahrhundert)

La esclavitud y el tributo indígena

Aunque las élites solo querían la independencia política sin modificar el orden social, las ideas liberales y constitucionales de principios de siglo impulsaron la abolición paulatina[59] de la esclavitud en todo el continente. Los estados con menos necesidad de mano de obra esclava fueron los primeros en abolirla, como por ejemplo Argentina (1816, confirmado en 1853), América Central (1824), Chile (1828) o México (1829). Colombia, Venezuela o Perú lo hicieron durante la década de 1850. El caso de Cuba es especial porque fue colonia española hasta 1898. A pesar de la presión británica y la reducción de la trata negrera[60] a nivel mundial, en Cuba la esclavitud no se abolió hasta 1880. Fue una concesión de España a las élites cubanas para que siguieran siendo fieles a la Corona.

Durante las guerras de la independencia el tributo indígena fue abolido en nombre de las libertades individuales, como en México en 1811 o en Colombia en 1821. Pero otros países lo introdujeron otra vez porque era necesario para el erario público[61]. En Perú el tributo significó el 26% de los presupuestos hasta su abolición en 1854, y en Bolivia, entre los años 1835 y 1865 supuso el 80% del presupuesto total. Fue abolido en 1882.

La victoria del liberalismo y despegue económico (1850–1911)

Colombia y Venezuela

En la segunda mitad del siglo las guerras civiles no dejaron de estar en el orden del día. No obstante, los liberales fueron ganando terreno e imponiendo sus reformas antieclesiásticas, federalistas y de liberalización económica. En 1863 y en 1864 se promulgaron en Colombia y en Venezuela respectivamente dos constituciones extremadamente federalistas que pusieron en peligro la integración nacional. Hasta 1880 Colombia no consiguió una cierta estabilidad, con un sistema de relevo[62] político entre liberales y conservadores que duró hasta 1895. En Venezuela, las tres presidencias de **Guzmán Blanco** (entre 1870 y 1887) fueron estabilizadoras.

Chile y Argentina (1829–1886)

Políticas nacionales

Chile también vivió varias guerras civiles a causa de la demanda de más democracia y federalismo para el país. A partir de la segunda mitad del siglo, sin embargo, sus gobiernos fueron relativamente estables, con lo que el país se convirtió en uno de los más prósperos de América Latina. En cuanto a Argentina, después de la dictadura de **Juan Manuel de Rosas** (1829–1852), Buenos Aires reconoció la autonomía de las pro-

---

59   paulatino/a: allmählich
60   la trata negrera: Handel mit Schwarzen
61   el erario público: Staatskasse
62   el relevo: Ablösung, Wechsel

vincias. Los sucesivos gobiernos del general **Mitre**, de **Sarmiento** y de **Avellaneda** (entre 1862 y 1880) pudieron aplicar políticas nacionales. Esta política fue continuada por el general **Julio Argentino Roca**, presidente por primera vez entre 1880 y 1886, y su partido PAN (Partido Autonomista Nacional).

México (1855–1911)

Después de las pérdidas territoriales en la guerra contra los Estados Unidos, los liberales subieron al poder y empezó la era de la Reforma (1855–1876). Dos leyes fundamentales marcaron esta reforma: la Ley Juárez (1855), en la que se abolían los privilegios eclesiásticos y militares, y la Ley Lerdo (1856), que abolió las propiedades corporativas[63] de la Iglesia y de las comunidades indígenas. Esta última ley perjudicó a los indígenas puesto que los convirtió en trabajadores sin tierra.

La época de la Reforma

Todas estas reformas provocaron el levantamiento de los conservadores y México sufrió una guerra civil entre 1857 y 1861 mientras gobernaba **Benito Juárez**, presidente desde 1858 y de origen zapoteca. Al finalizar la guerra civil, que ganaron los liberales, Juárez suspendió el pago de deudas externas ante la bancarrota del país a Francia, España y el Reino Unido. Estos dos últimos países estuvieron a punto de intervenir. Solo lo hizo el emperador francés **Napoleón III**, que además anhelaba establecer una zona de influencia francesa en México.

En 1861 la capital mexicana fue ocupada por tropas francesas. Napoleón III, con el apoyo de círculos conservadores mexicanos, impuso la coronación del archiduque **Maximiliano de Austria**, hermano del emperador de Austria **Francisco José I**. Pero Maximiliano I de México solo reinó tres años mientras tuvo el apoyo de Napoleón III. Cuando este retiró sus tropas, Maxilimiano fue fusilado (1867). Tras una década de luchas políticas, en 1876 **Porfirio Díaz** se convirtió en el nuevo presidente. Su dictadura fue larga, de 1876 hasta 1911, pero con él se inició una etapa de estabilidad política y de crecimiento económico.

Segundo Imperio Mexicano (1864–1867) y Porfirio Díaz (1876–1911)

Guerras territoriales en América del Sur

En la segunda mitad del siglo hubo dos importantes guerras cuyas consecuencias fueron un nuevo reparto territorial entre los países implicados. La primera de ellas fue la **Guerra de la Triple Alianza** (1865–1870): Paraguay contra Uruguay, Argentina y Brasil. En 1864 el presidente paraguayo Francisco Solano López decidió intervenir en la política interna de Uruguay para asegurarse el tráfico fluvial y el acceso al mar. Como Brasil y Argentina estaban también implicados en los asuntos uruguayos, Solano López les declaró la guerra. Argentina, Brasil y Uruguay formaron la Triple Alianza y firmaron un tratado secreto para repartirse tierras

La Triple Alianza

---

63 corporativo/a: ständisch

63

fronterizas. La guerra fue durísima para Paraguay. Perdió casi la mitad de su población y de su territorio.

Guerra entre Chile, Bolivia y Perú

La segunda guerra fue la **Guerra del Pacífico** o **del Salitre** (1879–1883) entre Bolivia, Chile y Perú. Desde la constitución de los tres países hubo diferentes tratados para la explotación conjunta del **desierto de Atacama**, rico en guano y en salitre, dos abonos muy importantes para la agricultura. En 1878 el dictador militar de Bolivia Hilarión Daza impuso el pago de una aduana de exportación a empresas chilenas, que estaban en manos inglesas. Por presión de Inglaterra, Chile reaccionó ocupando Antofagasta. Al poco tiempo salió a la luz un tratado secreto entre Bolivia y el Perú de defensa común contra Chile. Por todo ello Chile declaró la guerra a estos dos países y la ganó. Chile se quedó con la provincia boliviana de Antofagasta y el departamento peruano de Tarapacá. Con la pérdida de Antofagasta, Bolivia perdió el acceso directo al mar.

Durante todo el siglo XIX, los nuevos estados surgidos de las guerras de independencia formaron nuevas identidades nacionales orientadas a Europa, en las que las culturas indígenas seguían sin respetarse. Los estados periféricos, además, ampliaron sus territorios exterminando los restos de culturas indígenas que no habían sido sometidas durante la época colonial. Esto sucedió en México, con varias campañas militares de exterminio contra los indios apaches y yaquis (entre 1825 y 1911); en Argentina, con dos grandes campañas militares contra los indios de la **Pampa** y de la **Patagonia** (1835–1839 y 1879–1883); en Uruguay, con el expolio de las tierras interiores de los guaraníes y los churrúas; y en Chile, con el avance hacia el sur sobre las tierras de los mapuche a partir de la segunda mitad del siglo y el reparto de la **Tierra del Fuego** en 1881 entre Chile y Argentina.

Despegue de la economía en la segunda mitad del siglo XIX

Desarrollo exterior y...

A partir de la segunda mitad del siglo, la economía de América Latina empezó a vivir una etapa de expansión sin precedentes que duró hasta 1929. América Latina se integró en el mercado mundial y se especializó en tres grandes sectores del comercio exterior: la ganadería del norte de México, de Argentina, Uruguay y Chile; la exportación de productos tropicales de Colombia, Perú y América Central; y la minería de Chile y Bolivia. A finales de siglo se produjo el descubrimiento del petróleo en México y en Venezuela.

desequilibrio interno

La otra cara de la moneda de este éxito económico fue sin embargo un desequilibrio dentro de los países. Como América Latina carecía de industria, las ganancias se invertían en la compra de manufacturas extranjeras y no en el desarrollo interno de los países. Además, muchas de las plantaciones o minas estaban en manos de compañías extranjeras, que sólo invertían en lo que les interesaba, como por ejemplo en la construcción de vías de ferrocarril entre las plantaciones y la costa, pero sin planes de integración nacionales.

Otra consecuencia del despegue exterior de la economía de América Latina fue el aumento de la población, debido sobre todo a la inmigración europea. Entre 1850 y 1900, la población de América Latina pasó de unos 30 millones a unos 62 millones. A Argentina llegaron la mayor parte de los inmigrantes: unos cuatro millones entre 1880 y 1914. Uruguay, Chile, Cuba y Venezuela fueron los países con más inmigración después de Argentina. Esta nueva población hizo crecer las ciudades más grandes del continente, donde se empezó a formar una incipiente[64] clase media y el movimiento obrero dio sus primeros pasos.

La inmigración

Inestabilidad política y económica (1830-1850)

Abolición de la esclavitud   Abolición del tributo indígena y de las propiedades corporativas

Siglo XIX				
Época de la Reforma liberal en México (1855-1876)	Segundo Imperio (1864-1867)	Guerra de la Triple Alianza contra Paraguay (1865-1870)	Dictadura de Porfirio Díaz (1876-1911)	Guerra del Pacífico entre Chile, Bolivia y Perú (1879-1883)

Integración a la economía mundial a finales de siglo, pero sin desarrollo interno.
Aumento de la inmigración europea sobre todo en América del Sur

Para recordar:
- La primera mitad del siglo XIX estuvo marcada por la inestabilidad política. En la segunda mitad los liberales llevaron a cabo sus políticas de reformas.
- Dos guerras marcaron América del Sur: la de la Triple Alianza (1865-1870) y la Guerra del Pacífico (1879-1883).
- A finales de siglo, la economía se integró en los mercados mundiales y la inmigración europea aumentó.

📖 **Para saber más:**
Biografía de Benito Juárez: http://bivir.uacj.mx/BenitoJuarez/biografia.html
La Guerra del Paraguay: www.elortiba.org/guepy.html
La Guerra del Pacífico: http://videosdelperu.blogspot.com/2008/06/la-guerra-del-pacifico.html

---

64 incipiente: beginnend

El imperialismo estadounidense y fin de la colonia española

Durante la segunda mitad del siglo XIX los Estados Unidos crecieron en poder y en influencia. Su expansión imperialista culminó a finales de siglo con una guerra entre los Estados Unidos y España que comportó la pérdida de las últimas posesiones coloniales españolas. De esta manera, los Estados Unidos pudieron hacer valer sus intereses económicos y geoestratégicos en América Latina. Gracias a esta nueva influencia Panamá se independizó y Puerto Rico se convirtió en estado asociado estadounidense.

La doctrina Monroe

«América para los americanos»

En el año 1823, el quinto presidente de los Estados Unidos, **James Monroe**, declaró que ninguna potencia europea tenía derecho a intervenir en el proceso de independencia de América Latina. Su lema fue «América para los americanos». Lo que en un principio fue una defensa de la independencia de España para los nuevos países de América Latina, a finales del siglo XIX pasó a ser una carta blanca[65] para intervenciones políticas y militares en el Caribe y América Central. Estas intervenciones fueron en aumento a partir de 1890.

Cuba (1810–1902)

Cuando empezó el proceso de independencia de España, Cuba se encontraba en pleno desarrollo de su economía azucarera. Las plantaciones de azúcar dependían de la mano de obra esclava. Por otro lado, las élites blancas mantenían el recuerdo de Haití, cuya independencia en 1804 había sido precedida por un levantamiento de esclavos. Estos dos factores hicieron que la llamada «sacarocracia» (la aristocracia azucarera) cubana decidiera seguir apoyando a la administración colonial y al ejército españoles para mantener sus privilegios sociales.

La Guerra de los Diez años (1868–1878) y José Martí

Pero no todos los sectores estaban de acuerdo. En 1868 hubo una rebelión independentista que duró diez años. No tuvo éxito porque los rebeldes reclamaban la abolición de la esclavitud y no fueron apoyados por la oligarquía azucarera. En 1895, no obstante, una segunda rebelión prendió[66] en todo el país. El motor de este alzamiento fue **José Martí**, que en 1892 había fundado el Partido Revolucionario Cubano. Los Estados Unidos, mientras tanto, apoyaron la independencia cubana y en 1897 enviaron el barco de guerra *Maine* a la Habana. La explicación oficial fue que actuarían en defensa de sus ciudadanos, pero en realidad los Estados Unidos ya hacía tiempo que tenían intereses económicos en la isla, que consideraban casi una colonia económica suya.

65   la carta blanca: Freibrief
66   prender: (hier) entflammen

Por eso la explosión del *Maine* en el puerto de La Habana en febrero de 1898 fue planificada para provocar una guerra con España. España la perdió en pocos meses. En diciembre de ese mismo año, España cedió a los Estados Unidos Puerto Rico, la isla de Guam, las Filipinas, y renunció a su soberanía sobre Cuba. A continuación, los Estados Unidos establecieron en la isla un gobierno militar en 1899, ocuparon **Guantánamo** e impusieron el derecho a cambiar la constitución cubana de 1901. Las tropas estadounidenses se retiraron en 1902.

Explosión del *Maine* y ocupación de Cuba (1899–1902)

La historia de la República Dominicana en el siglo XIX fue la más atípica de todas. Después de alcanzar la independencia en 1804, Haití ocupó la República Dominicana hasta 1808. Entre 1808 y 1821 la república volvió a ser colonia española, pero con escaso interés por parte de la metrópoli, por lo que estos años se conocen como la «España boba». Entre 1822 y 1844 la República Dominicana fue nuevamente anexionada por Haití, y entre 1844 y 1856 hubo una sangrienta guerra de independencia. Pero como no se consiguió la estabilidad política, la república volvió a ser colonia de España entre 1861 y 1865, año en el que se declaró independiente definitivamente.

Panamá (1882–1904)

Ya desde los tiempos de la colonia, Panamá había sido esencial para las comunicaciones entre el Atlántico y el Pacífico. En 1882 se empezó a construir un canal interoceánico. Su construcción se interrumpió diez años más tarde porque los inversores franceses se arruinaron. Durante este tiempo, para los Estados Unidos la importancia de las comunicaciones por mar hacia el oeste del país y especialmente California fue en aumento, puesto que la colonización interior todavía no había terminado. Por eso intervinieron en los asuntos colombianos en el año 1903.

Entre 1899 y 1902, Colombia vivió una guerra civil muy cruenta, la **Guerra de los Mil Días**. Los liberales se habían alzado contra la constitución centralista de 1886. Ganaron los centralistas, quedando el país devastado y el gobierno debilitado. En este contexto, los Estados Unidos negociaron en 1903 la construcción de un canal. Pero el senado colombiano rechazó las condiciones del tratado firmado porque no estuvo de acuerdo con la concesión de 10 kilómetros de tierra a ambos lados con jurisdicción[67] estadounidense y colombiana durante nueve años.

La Guerra de los Mil Días (1899–1902)

Ante esta negativa, los Estados Unidos ocuparon Panamá militarmente y apoyaron así la declaración de independencia que tuvo lugar en noviembre de 1903. El nuevo tratado para construir el canal fue todavía más desfavorable para el nuevo país: los 10 kilómetros se ampliaron a 10 millas, y los Estados Unidos se otorgaron el derecho al uso del canal sin límite de tiempo. Además, en la constitución de 1904, Panamá concedió el derecho a los Estados Unidos a intervenir en todo el país.

Un nuevo país por orden de los Estados Unidos

---

67   la jurisdicción: (hier) Zuständigskeitsbereich

Puerto Rico (1898–1952)

Cambio de colonia

Puerto Rico tampoco se independizó de España por las mismas razones que tuvieron las élites de Cuba. Durante la breve guerra entre España y los Estados Unidos en el año 1898, los Estados Unidos ocuparon la isla. En 1900 fue implantado un gobierno civil subordinado al Congreso de los Estados Unidos y desde 1917 los puertorriqueños son también ciudadanos estadounidenses. En 1952 Puerto Rico se convirtió en un Estado Libre Asociado de los Estados Unidos, aunque desde entonces siempre surgen voces que reclaman la independencia.

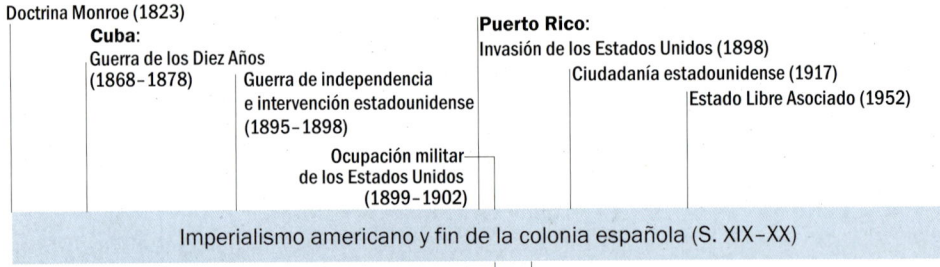

Doctrina Monroe (1823)

Cuba:
Guerra de los Diez Años
(1868–1878)

Guerra de independencia
e intervención estadounidense
(1895–1898)

Ocupación militar
de los Estados Unidos
(1899–1902)

Puerto Rico:
Invasión de los Estados Unidos (1898)
Ciudadanía estadounidense (1917)
Estado Libre Asociado (1952)

Imperialismo americano y fin de la colonia española (S. XIX–XX)

Colombia:
Guerra de los Mil Días
(1899–1902)

Panamá:
Independencia
(1903)

Para recordar:
- El imperialismo estadounidense se incrementó en la segunda mitad del siglo XIX.
- Cuba se independizó en 1898, y Panamá en 1903. Ambas independencias se debieron a la intervención directa de los Estados Unidos.
- Puerto Rico fue invadido por los Estados Unidos y declarado Estado Libre Asociado en 1952.

📖 Para saber más:
Historia de Cuba: www.cubagob.cu/otras_info/historia/inicio.html
Portal sobre José Martí: www.josemarti.cu/
Historia de Panamá: www.panama1.com/cronologiaes.php
Historia de Puerto Rico: www.meetpuertorico.com/espanol/about_pr/history.asp

◼ Ejercicios

1. ¿Lo has entendido? Elige la continuación correcta de cada frase.

La independencia empezó
a causa de(l)

Napoleón. ❏

vacío de poder dejado por España. ❏

Durante el siglo XIX

la formación de los países fue poco estable. ❏

la formación de los países se dio
en pocas décadas. ❏

La esclavitud se abolió

hasta la mitad del siglo XIX
en toda América. ❏

hasta la mitad del siglo XIX
en toda América excepto Cuba. ❏

Panamá y Puerto Rico

se indenpendizaron a principios
del siglo XIX. ❏

fueron los dos últimos países en
independizarse, por influencia de
los Estados Unidos. ❏

2. Texto. Escribe una redacción sobre uno de estos temas.
1. La guerra europea de Napoleón y su influencia en la América española.
2. La independencia de España y la formación de los nuevos países.
3. La influencia de los Estados Unidos en los nuevos países americanos.

3. Debate. En pequeños grupos o toda la clase.
En el año 1823, el presidente estadounidense Monroe negó el derecho a las potencias europeas de intervenir en los asuntos interamericanos. De esta manera, los Estados Unidos se reservaron implícitamente la intervención exclusiva en América, como demostraron a finales del siglo XIX. ¿Creéis que tenían derecho a hacerlo? ¿Por qué? ¿Cuáles eran sus motivos y su finalidad política?
Antes de debatir, preparad el debate y escribid posibles argumentos.

4. Proyecto. En grupos, preparad un trabajo por escrito o como exposición oral sobre uno de estos temas:
1. Las grandes personalidades de la independencia: Simón Bolívar, José de San Martín, Miguel Hidalgo, José María Morelos y José Martí.
2. Los cambios sociales ocurridos durante el siglo XIX (situación de los indígenas, esclavitud, inmigración...)
3. El Caribe bajo la influencia de los Estados Unidos.

6. América Latina en el siglo XX

■ Populismo, desarrollo e imperialismo (1900–1950)

A principios de siglo y sobre todo a partir de la crisis de 1929 se produjo un cambio en la política económica y social de la mayoría de los países de América Latina. Se pasó del liberalismo a un estado fuerte e intervencionista, y las nuevas clases medias urbanas y las organizaciones sindicales obtuvieron por fin voz y voto en las políticas nacionales. Esto fue posible por el nuevo populismo político, que dependió de un líder carismático y autoritario. Estos cambios fueron lentos en la mayoría de los países excepto en México, donde estalló una revolución. Otra excepción fue América Central y el Caribe, que estuvieron bajo la influencia del imperialismo de los Estados Unidos.

La Revolución Mexicana

Estalla la revolución

La Revolución mexicana fue provocada por el rechazo al largo régimen de Porfirio Díaz, que gobernó de 1876 a 1911. En el año 1910 **Francisco I. Madero**, un hacendado[68] del norte de México, llamó a la revolución en contra de la reelección de Porfirio Díaz. Al mismo tiempo, los ejércitos de **Pancho Villa** y **Pascual Orozco** en el norte y de **Emilio Zapata** en el sur se sublevaron. Al año siguiente Madero fue elegido presidente, pero la rebelión continuó su curso.

La constitución de Carranza (1917)

Madero fue asesinado en 1913, y le sucedió su asesino, el **general Huerta**. Durante su mandato la revolución campesina se radicalizó. Además de Villa y Zapata, **Álvaro Obregón** y **Venustiano Carranza** luchaban en el norte. En 1914 los Estados Unidos invadieron Veracruz para apoyar la caída de Huerta. Ese mismo año, el poder cayó momentáneamente en manos de Zapata y de Villa, que entraron triunfantes en la ciudad de México. Sin embargo, fue Carranza quien finalmente fue proclamado presidente. La constitución de 1917 marcó el fin de la revo-

---

68 el/la hacendado/a: Grundherr/in

lución, con la promesa de una futura reforma agraria y la ampliación de los derechos laborales.

El populismo

Ya desde principios de siglo el sistema económico de la mayoría de los países basado en la exportación de materias primas empezó a debilitarse. La drástica reducción de la demanda mundial a partir de 1929 provocó un cambio radical en el planteamiento económico de los países de América Latina. Para poner freno al paro[69] y estimular la economía nacional, se fomentó el desarrollo de la producción industrial y se invirtió en obras públicas. La única región donde no hubo inversión fue en América Central.

Esta política económica fue posible gracias al populismo, un nuevo fenómeno de masas leales a un partido y a su líder. En México, la revolución se institucionalizó con la creación del Partido de la Revolución Mexicano (PRM), que en 1946 se rebautizó con el nombre de **Partido de la Revolución Institucional** (PRI). **Lázaro Cárdenas** (1934–1940) fue el presidente más carismático de esta época. Impulsó una reforma agraria y expropió[70] a las empresas de petróleo extranjeras creando la empresa estatal PEMEX. · México

En Argentina, los militares dieron un golpe de estado en 1943. Entre ellos estaba el general **Juan Perón**, que fue nombrado jefe del departamento de trabajo, donde impulsó reformas laborales. Su popularidad fue en aumento hasta que en 1946 se presentó a las elecciones como candidato del Partido Laborista. Gobernó Argentina de 1946 a 1955 con su mujer **Evita Duarte de Perón**, que después de su muerte en 1952 se convirtió en un mito nacional argentino. Juan Perón nacionalizó parte de la industria argentina. Sus seguidores teorizaron sobre el Justicialismo, una tercera opción entre el capitalismo y el comunismo para las políticas económicas. · Argentina

En Colombia, el Partido Liberal llegó al poder en 1930 de la mano de **Enrique Olaya Herrera** después de cincuenta años en la oposición. Su gobierno hizo construir carreteras y vías de tren. También fomentó la industria nacional y la educación pública, además de regular los derechos de los trabajadores. · Colombia y Venezuela

Venezuela fue gobernada por militares hasta 1957, pero su política económica y social fue también populista, reconociendo sindicatos[71] y limitando la acción de las multinacionales.

La **Carretera Panamericana** se planificó en el año 1923 en el marco de la V Conferencia Internacional de los Estados Americanos. Se trata de un sistema de carreteras y autopistas que unen Alaska y la Patagonia. Tiene una longitud de unos 48.000 kilómetros y solo está interrumpida en la zona del **Darién** entre Panamá y Colombia puesto que se trata de una zona de selva tropical protegida.

---

69 el paro: Arbeitslosigkeit
70 expropiar: enteignen
71 el sindicato: Gewerkschaft

El Caribe y América Central

El imperialismo de los Estados Unidos

Desde la guerra contra España en 1898 y la creación de Panamá en 1903, estuvo claro que los Estados Unidos consideraban la región del Caribe y de América Central como su patio trasero[72]. Los intereses no solo eran políticos sino sobre todo económicos. La influencia sobre la política de América Central de la **United Fruit Company** es legendaria. La United Fruit Company era dueña de millones de hectáreas y por tanto contraria a cualquier reforma agraria que hubiera dado tierras a los campesinos pobres. Los Estados Unidos también presionaron a algunos países de América Central para que tomaran préstamos de bancos estadounidenses.

Intervenciones militares

Para hacer valer[73] su influencia y sus intereses, los Estados Unidos intervinieron militarmente en casi todos los países de la región: en Nicaragua dos veces entre 1910 y 1925, en Honduras siete veces entre 1903 y 1924, en Costa Rica en 1921, en Cuba en 1912. Además, Nicaragua fue ocupada militarmente desde 1926 hasta 1933, Cuba entre 1917 y 1922 y la República Dominicana entre 1916 y 1924. Estas intervenciones garantizaron la estabilidad de regímenes autoritarios pero fieles a los Estados Unidos. En algunos casos fueron el origen de largas dictaduras como la de los **Somoza** en Nicaragua (de 1934 a 1979).

Revolución Mexicana (1910–1917)	Populismo. Lázaro Cárdenas (1934–1940)	Juan Domingo Perón (1946–1955)
	Siglo XX (1900–1950)	

Intervenciones y ocupaciones militares de los Estados Unidos:
en Nicaragua, Honduras, Costa Rica, Cuba y la República Dominicana (entre 1903 y 1924)

Para recordar:

◆ La Revolución Mexicana (1910–1917) fue provocada por el descontento con el régimen de Porfirio Díaz.

◆ El populismo provocó un cambio en la política económica y social de América Latina excepto en América Central.

◆ Los Estados Unidos intervinieron en América Central y en el Caribe para hacer valer su influencia política y económica.

📖 **Para saber más:**

La Revolución Mexicana: www.e-mexico.gob.mx/wb2/eMex/eMex_La_Revolucion_Mexicana

Instituto Nacional Juan Domingo Perón: www.jdperon.gov.ar

Imperialismo de los Estados Unidos:
www.visionesalternativas.com/militarizacion/geoestrategia/crono.htm

---

72 el patio trasero: Hinterhof
73 hacer valer: durchsetzen, geltend machen

■ La revolución cubana y sus consecuencias (1950–1989)

Cuba y los países de América Central compartieron el mismo destino de dependencia económica y política de los Estados Unidos hasta 1959. Ese año, sin embargo, ocurrió la **Revolución Cubana**. En el marco de la **Guerra Fría** mundial que enfrentó al mundo capitalista con el comunista, Cuba dio un giro hacia el bloque soviético, el único que apoyó la revolución. América Latina vivió entonces la formación de numerosas guerrillas de tendencia marxista y una serie de dictaduras militares y guerras civiles a causa del temor de los Estados Unidos y las élites nacionales a la expansión comunista.

Fidel Castro, 1959

La Revolución Cubana

A pesar de tener varios presidentes desde su independencia de los Estados Unidos, Cuba era de hecho una colonia económica del vecino del norte. En 1952 **Fulgencio Batista**, un militar que ya había gobernado anteriormente (1940–1944), dio un golpe de estado e instauró una dictadura. Un grupo de opositores, entre los que se encontraba **Fidel Castro**, asaltó el cuartel de Moncada en Santiago de Cuba el 26 de julio de 1953. Fue un fracaso y tuvieron que exiliarse a México. Así nació el **Movimiento 26 de Julio**.

El M-26-7

Dos años más tarde, los exiliados desembarcaron a Cuba y se refugiaron en la Sierra Maestra. Con ellos iba el argentino **Ernesto «Che» Guevara**. Los ex exiliados organizaron una guerra de guerrillas, mientras que en las ciudades la oposición contra Batista fue en aumento. En noviembre de 1958 hubo elecciones con una abstención masiva. Ante esta situación, los Estados Unidos retiraron su apoyo a Batista y este huyó. El día 1 de enero de 1959, los guerrilleros entraron en la Habana ante el clamor[74] popular. Ese mismo mes se constituyó un gobierno provisional que rápidamente se convirtió en oficial sin elecciones. Las primeras elecciones se celebraron en 1974, ya dentro del sistema comunista.

Triunfo de la Revolución

Ese mismo año, en 1959, el gobierno de Castro aprobó una reforma agraria y abrió un proceso de nacionalizaciones y expropiaciones. Los más afectados fueron los miembros de la clase alta cubana y las empresas norteamericanas. Esta política provocó el alejamiento diplomático de los Estados Unidos, con la ruptura final en 1961. Al mismo tiempo y para asegurar su economía, el gobierno cubano se integró dentro del bloque de los países comunistas, también llamados países del Este: Ru-

Giro diplomático-hacia el bloque soviético

---

74   el clamor: Auf-/Geschrei

sia, Polonia, Hungría, etc. El cambio en la sociedad cubana fue radical. A pesar de ser una dictadura y que por tanto las libertades personales no existen, el régimen ha fomentado como en ningún otro país de América Latina la erradicación[75] del analfabetismo, la sanidad pública y la vivienda.

Impacto de la Revolución Cubana

Cuba, epicentro de la Guerra Fría

La reacción de los Estados Unidos no se hizo esperar. En abril de 1961 la CIA organizó un desembarco en la Bahía de los Cochinos con la intención de invadir la isla. Fue un fracaso rotundo. La Unión Soviética quiso entonces instalar misiles en Cuba, puesto que los Estados Unidos ya habían instalado misiles nucleares en Turquía. Cuando los servicios secretos norteamericanos descubrieron los preparativos soviéticos en Cuba, el mundo estuvo más cerca que nunca de una guerra nuclear. Pero los presidentes **Kennedy** y **Jrushchov** negociaron a tiempo el fin del conflicto. En todo el proceso, el gobierno de Castro no fue consultado.

Alianza para el Progreso

En vista de la política fracasada en Cuba, la administración Kennedy decidió impulsar[76] el desarrollo de América Latina. El objetivo era frenar la expansión del comunismo. En la cumbre de Punta del Este de 1961, en Uruguay, se hizo pública la Alianza para el Progreso. El programa preveía invertir 20.000 millones de dólares y fomentar el **libre comercio**. El asesinato de Kennedy en 1963, sin embargo, frenó la aplicación del programa. Su sucesor, **Johnson**, volvió a la doctrina de las intervenciones militares, y durante los años 70 América Latina se vio sacudida por una ola de dictaduras militares.

Movimientos de izquierda

Guerrillas urbanas y campesinas

A partir de la década de los 60, en la mayoría de países de América Latina surgieron distintos movimientos que se organizaron en guerrillas. La mayoría era de ideología trotzkista o marxista-leninista. Luchaban para mejorar las condiciones del pueblo y en contra de los regímenes militares que se instauraron en todo el continente. En Uruguay, por ejemplo, el **Movimiento de Liberación Nacional Tupamaros** (en honor al inca Túpac Amaru II, sublevado contra los españoles en el siglo XVIII) estuvo en activo de 1965 a 1985. En Colombia, las **FARC-EP** (Fuerzas Armadas Revolucionarias de Colombia – Ejército del Pueblo), se fundaron en 1964 y todavía están en activo. Actualmente están en lucha constante con el estado colombiano y se financian principalmente gracias al narcotráfico.

---

75 la erradicación: Beseitigung, Ausmerzung
76 impulsar: (vor)antreiben

Otro conflicto que surgió en esta época fue el movimiento de estudiantes universitarios en contra de la sociedad autoritaria y la guerra de Vietnam. En México, esta protesta terminó con la **Matanza de la Plaza de las Tres Culturas de Tlatelolco**, en la capital de México (1968). Durante todo ese año hubo manifestaciones en contra del gobierno del PRI, en el poder desde 1917. El 2 de octubre de 1968 tuvo lugar una manifestación más, pero los manifestantes fueron atacados por el ejército sin ningún motivo, puesto que se manifestaban pacíficamente. El gobierno de entonces, de **Gustavo Díaz Ordaz,** impidió cualquier tipo de investigación, y todavía hoy no se sabe las causas de la masacre ni el número exacto de muertos.

Dentro de la Iglesia Católica de América Latina se formó un movimiento de tendencias de izquierda que se denominó la **Teología de la Liberación**. Surgió después del Concilio Vaticano II (1962–1965) y de la Conferencia del Episcopado Latinoamericano celebrada en Medellín, Colombia, en 1968. Los defensores de la Teología de la Liberación quieren adaptar los postulados cristianos a la realidad tremendamente injusta de América Latina. La Teología de la Liberación sigue siendo criticada y perseguida a por la Iglesia Católica oficial a causa de su aceptación del marxismo.

La Teología de la Liberación

América Central

Durante esta época, la mayoría de los países de América Central sufrió guerras civiles entre los regímenes militares y las guerrillas. En Nicaragua, la guerra civil terminó sin embargo con éxito. Desde 1934 a 1979, Nicaragua estuvo gobernada por la familia Somoza, que había convertido al país en su feudo[77] particular. Pero en 1961 se fundó el **Frente Sandinista de Liberación Nacional** (FSLN), un grupo guerrillero que siguió los postulados de **Augusto César Sandino** y que fue apoyado por Cuba. Sandino había sido asesinado en 1934 por luchar contra el imperialismo de los Estados Unidos. En 1979 el FSLN ganó la guerra civil y tuvo lugar la **Revolución Sandinista**. El gobierno del FSLN gobernó hasta 1989.

La Revolución Sandinista en Nicaragua

En El Salvador, gobernado desde 1930 por diferentes dictaduras militares, la guerra civil duró de 1980 a 1992. En 1980 varias fuerzas guerrilleras formaron el **Frente Farabundo Martí para la Liberación Nacional** (FMLN). **Agustín Farabundo Martí** (1893–1932) había sido un dirigente comunista. La guerra civil terminó sin un vencedor claro con la firma del Acuerdo de Paz en Castillo de Chapultepec, México.

El Salvador y Guatemala

En Guatemala el conflicto armado fue todavía más largo, de 1960 a 1986. La guerrilla luchó contra la opresión de los militares, quienes se ensañaron[78] especialmente con la población indígena. **Rigoberta Menchú** recibió el Premio Nobel de la Paz en 1992 por su lucha a favor de sus derechos.

---

77   el feudo: (fig.) Lehnsgut
78   ensañarse con: seine Wut auslassen

En los años ochenta surgieron dos iniciativas para intentar pacificar la
región centroamericana. La primera fueron las reuniones del Grupo Con-
tadora, más tarde el **Grupo de los Ocho**, representado por los presidentes de México, Venezuela, Colombia, Panamá, Argentina, Perú, Brasil
y Uruguay. En sus declaraciones abogaron por[79] la democratización de
América Central y por el abandono de las intervenciones de los Estados
Unidos, como la financiación de la Contra, la guerrilla que luchó contra
el gobierno sandinista en Nicaragua durante la presidencia de **Reagan**.
La segunda iniciativa fue del presidente de Costa Rica **Óscar Arias**, que
reunió a los presidentes de El Salvador, Guatemala, Honduras y Nicaragua en 1987. Ese mismo año Arias ganó el Premio Nobel de la Paz.

América del Sur: estados terroristas

En América del Sur, a partir de los años 1960 el modelo de desarrollo económico estatal que había impulsado el populismo entró en crisis.
Además, las tensiones sociales fueron en aumento a causa de la pola-
rización de las sociedades entre las corrientes conservadoras y las de
izquierda. Ante este panorama, los militares, apoyados por los Estados
Unidos, intervinieron en la vida pública para garantizar el «orden», según su nueva doctrina de la «seguridad nacional». También intervinieron
en la economía. En Perú (1968–1980) y en Ecuador (1972–1976) los
militares fomentaron reformas sociales, pero en Chile, Argentina y Uruguay, además de erigir unos regímenes terroristas atroces[80], aplicaron las
nuevas doctrinas económicas neoliberales en boga[81].

Salvador Allende

En Chile, en el año 1970 llegó al poder
Salvador Allende, el primer jefe de gobierno marxista elegido por las urnas de
todo el mundo. Allende anunció la trans-
formación de la sociedad chilena hacia el
socialismo. Para ello nacionalizó las minas de cobre, impulsó una reforma agraria y aumentó los salarios. Tras un primer
éxito, sin embargo, la economía entró en
crisis. Además, los Estados Unidos finan-
ciaron la oposición creciente a través de
la CIA. El 11 de septiembre de 1973, el
general Pinochet dio un golpe de estado.
Salvador Allende se suicidó el mismo día
y Pinochet erigió un régimen de terror, con más de 3.000 torturados y
200.000 exiliados. En economía, **Pinochet** hizo venir unos economistas
que habían estudiado con **Milton Friedmann** y que por eso se denomi-
naron los *Chicago Boys*. Estos economistas implantaron las ideas neo-

---

79 abogar por: plädieren für
80 atroz: grausam, greulich
81 estar en boga: in Mode sein

liberales de Milton Friedmann: recorte de impuestos y de prestaciones sociales del estado, libre comercio, etc.

En Uruguay (1973–1985) y Argentina (1976–1983), las dictaduras militares fueron especialmente duras y brutales, con encarcelamientos y torturas sistemáticas. Los militares argentinos, además, hicieron desaparecer a más de 30.000 personas. En Uruguay, la ciudadanía rechazó en 1980 la reforma de la constitución en un referéndum y con ello el poder de los militares. Eso abrió el proceso hacia la democracia. En Argentina, ante el aumento de la oposición al régimen, los militares provocaron la **Guerra de las Malvinas** en 1982. Las Islas Malvinas estaban en manos del Reino Unido desde 1833. Argentina perdió estrepitosamente[82] . Esta derrota hizo tambalear al régimen, que terminó con la elección de **Raúl Alfonsín** en 1983, el primer presidente democrático después de la dictadura militar.

Uruguay y Argentina

La Revolución Cubana (1959–...)
Movimientos de izquierda y Teología de la Liberación

Siglo XX (1950–1990)

Gobierno marxista de Salvador Allende en Chile (1970–1973) — Revolución Sandinista en Nicaragua (1979–1989)

Estados terroristas en América del Sur:
Chile (1973–1989), Uruguay (1973–1985), Argentina (1976–1983)

Para recordar:
- Cuba fue el primer país de América Latina en implantar el socialismo en la región gracias a su revolución.
- La izquierda se organizó principalmente en movimientos de guerrillas.
- En América del Sur los militares impusieron unas dictaduras atroces y de corte neoliberal.

📖 **Para saber más:**
La Revolución Cubana: http://aniversario50.cubava.cu
Historia de Nicaragua: www.nodo50.org/espanica/historica.html
Argentina: www.24demarzo.gov.ar

82 estrepitosamente: (fig.) lärmend, tosend

■ Democracia y economía de mercado (1989–2009)

Después de la caída del Muro de Berlín, el mundo dejó de estar dividido entre los bloques comunista y capitalista. Para América Latina, esto tuvo tres principales consecuencias. En primer lugar, las guerrillas de izquierda perdieron su legitimidad y sufrieron fuertes presiones para que buscaran una solución política a su lucha armada. En segundo lugar, los procesos de transición a la democracia que habían empezado en los años 1980 se consolidaron. En algunos países la democracia desembocó en movimientos neopopulistas. Finalmente, las políticas económicas neoliberales empezadas durante las dictaduras militares terminaron siendo un fracaso social, y empezó un debate para superarlas. Cuba, por su parte, permaneció fiel al régimen socialista a costa de una grave crisis económica y vivió la renuncia de Fidel Castro al poder en 2006.

Consolidación de la democracia

Superando las dictaduras: Chile y Argentina

Los chilenos, después del comienzo de las protestas populares en 1983, aprobaron reformas constitucionales en el referéndum de 1989, con lo que Pinochet no pudo quedarse más en el poder. Desde entonces, diversos gobiernos democráticos han gobernado el país, hasta la actual Michelle Bachelet, presidenta desde 2006. Argentina superó la dictadura militar a lo largo de las presidencias entre **Raúl Alfonsín** y **Néstor Kirchner** (1983–2007).

México

En México, el partido institucional PRI gobernó ininterrumpidamente durante setenta años. A partir de 1989, sin embargo, el **Partido de Acción Nacional** (PAN) empezó a ganar terreno, hasta obtener una victoria histórica en el 2000 con **Vicente Fox** como presidente. Actualmente, los partidos PRI y PAN son partidos enfrentados, de tendencias de izquierda y de derecha respectivamente.

América Central y países norandinos

En los países de América Central, se firmaron tratados de paz durante la década de 1990, pero al mismo tiempo estos países se vieron afectados por casos de corrupción política escandalosos. En Colombia y Venezuela, la década de los 1990 estuvo marcada por la pérdida de poder de los partidos tradicionales. En Venezuela, las medidas neoliberales que aplicó drásticamente **Carlos Andrés Pérez** (1989–1993) provocaron protestas y tumultos sociales.

Neopopulismo

A partir de la década de los 1980 y como variante de las nuevas democracias que iban surgiendo, en algunos países de América Latina el populismo político volvió a recuperar fuerzas. A diferencia del populismo de los años 1940 y 1950, esta vez los políticos populistas no son ni de derechas ni de izquierdas. Sus representantes más conocidos son **Alberto Fujimori** (1990–2000) en Perú, **Carlos Menem** (1989–1999) en Argentina, **Hugo Chávez** desde 1998 en Venezuela y **Evo Morales** desde 2006 en Bolivia.

En sus dos primeros años de mandato, Alberto Fujimori se hizo muy popular por su éxito contra la guerrilla **Sendero Luminoso**. Pero Fujimori gobernó por decretos al margen del[83] Congreso. En 1992 incluso lo disolvió mediante el llamado «autogolpe». Hasta 2000, año en que dimitió estando en Japón, Fujimori gobernó de manera autoritaria y llevó a cabo reformas económicas impuestas por el **Fondo Monetario Internacional** (FMI). Carlos Menem no gobernó de manera tan autoritaria, pero su gobierno estuvo marcado por una política de privatizaciones de corte neoliberal y por la corrupción.

Fujimori y Menem: neoliberalistas

La elección de Hugo Chávez en 1998 inició una nueva era de reformas constitucionales, sociales y políticas en Venezuela. En medio de una profunda división entre simpatizantes y opositores, Chávez ha promovido los derechos de los indígenas y diversos programas educativos y asistenciales, pero también ha empezado a recortar la libertad de expresión como en Cuba. En Bolivia, después de una etapa de gobiernos neoliberales que causaron graves disturbios sociales, fue elegido en 2006 Evo Morales, fundador y dirigente del partido **Movimiento al Socialismo**. Ese mismo año nacionalizó los hidrocarburos y fomentó la enseñanza de las lenguas locales.

Chávez y Morales: neosocialistas

Las últimas décadas del siglo XX estuvieron marcadas por el renacer de los movimientos indígenas. El más conocido es el del **Ejército Zapatista de Liberación Nacional** (EZLN), que se alzó en armas en el estado mexicano de Chiapas el 1 de enero de 1994. Justo ese día entraba en vigor el **Tratado de Libre Comercio** (TLC) entre Canadá, los Estados Unidos y México. En Ecuador, el movimiento **CONAIE** (Confederación de Nacionalidades Indígenas del Ecuador) provocó la caída de su presidente en 2003. Todos los movimientos indigenistas modernos se caracterizan por la reivindicación de la propia identidad milenaria y el rechazo al expolio capitalista de los recursos del subsuelo, por lo que reclaman para ello su nacionalización.

Ola de privatizaciones y sus consecuencias

Siguiendo la moda de la liberalización económica de los años 80, la década de los noventa destacó por una serie de privatizaciones de empresas nacionales. Entre 1988 y 1995 se efectuaron más de 700 ventas, lo que equivale a más de la mitad de las privatizaciones en el mundo en desarrollo durante esos años. Pero estas inversiones no crearon riqueza, puesto que se usaron en gran medida para pagar los intereses de la descomunal deuda externa que padecía América Latina desde mediados de siglo. El resultado fue que la desigualdad y la violencia urbana se incrementaron.

---

83   al margen de: abseits

El coste social
de las privatiza-
ciones:
el «corralito»

Un ejemplo de las tensiones sociales creadas por esta política económica desastrosa fueron los tumultos en Buenos Aires en diciembre de 2001, a causa del cierre de las cuentas corrientes –el «corralito»– decretado por el gobierno de **De la Rúa**. Argentina congeló la liquidez interna para impedir la fuga de capitales ante la insolvencia del país. La clase media argentina sufrió un descenso de su nivel de vida nunca visto y el país vivió una ola de emigración. El gobierno de Néstor Kirchner (2003–2007) negoció duramente con el FMI para cancelar la deuda y terminar con las condiciones impuestas por esta entidad internacional.

Los resultados nefastos de las políticas económicas liberales de los últimos cuarenta años han provocado un viraje[84] hacia la socialdemocracia a principios del siglo XXI. Muchos países de América Latina se están planteando ahora la necesidad de un nuevo reforzamiento del estado y de la regulación de los mercados. Un ejemplo de ello es la regulación de las empresas de electricidad en Chile, que no ofrecen un buen servicio en caso de sequía. Además, los últimos gobiernos muestran esta nueva tendencia: Michelle Bachelet en Chile y Álvaro Uribe en Colombia (ambos 2006–2010), Alan García Pérez en Perú (2006–2011), así como en la mayoría de los países de América Central.

Integraciones regionales

Para superar sus graves problemas económicos y hacer frente a la globalización conjuntamente, los países de América Latina han fomentado diversos mercados comunes y uniones aduaneras. Los cuatro grupos más grandes son el **Mercosur**, fundado en 1991 con Argentina, Brasil, Uruguay y Paraguay, al que más tarde se unieron Bolivia y Chile; el **Pacto Andino**; el **Mercado Común Centroamericano** (MCC) y el **Tratado Libre de Comercio** (TLC, también conocido por NAFTA, en inglés), entre Canadá, los Estados Unidos y México.

En el terreno político, se han fomentado varias uniones de parlamentos para establecer reuniones diplomáticas entre las naciones. **El Parlamento Andino**, el **Parlamento Amazónico** o la **Comisión Parlamentaria Conjunta del Mercosur** son tres ejemplos. Paralelamente, en la década de los 90 América Latina empezó a reforzar sus enlaces con Europa para superar su dependencia de los Estados Unidos. Por ejemplo, desde 1991 se celebra anualmente la **Cumbre Iberoamericana** entre América Latina (con Brasil), Portugal y España.

Cuba

La Caída del Muro de Berlín en 1989 supuso la pérdida del apoyo económico y moral de la antigua Unión Soviética. Desde entonces, Cuba vive bajo el «Período Especial», nombre con el que el gobierno de Fidel

---

84 el viraje: Wendung, Kurswechsel

Castro define la crisis económica y el descenso del nivel de vida que padece el país. El punto álgido[85] de la crisis sucedió en el año 1993, cuando la emigración hacia Miami por mar –los fugitivos son llamados «balseros[86]»– llegó a extremos dramáticos. A partir de 1995, sin embargo, el gobierno cubano ha ido permitiendo una cierta apertura de la economía cubana.

En el plano político, a principios del siglo XXI Cuba vivió unos años de aislamiento internacional por el duro trato a los opositores al régimen. Desde 2005, sin embargo, la tensión tanto dentro como fuera de Cuba ha disminuido. En 2006 Fidel Castro, gravemente enfermo, se vio obligado a ceder la presidencia a su hermano **Raúl Castro**, quien fue finalmente elegido presidente dos años más tarde. En cuanto al embargo de los Estados Unidos, en vigor desde 1962, durante la **V Cumbre de las Américas** (abril de 2009) el presidente **Barack Obama** anunció su intención de revisarlo.

Democracias y fin de las guerrillas en América Central
Neopopulismo: neoliberal (p. ej. Fujimori, Perú) o socialista (p. ej. Chávez, Venezuela)
Ola de privatizaciones (1990-2000)
Integraciones regionales

Siglo XX–XXI (1989–2009)

Emigración a Florida de los balseros
(1993-1994)
Cuba:
«Período Especial» desde 1989

Raúl Castro presidente
(2008)

Anuncio de un posible fin del embargo
(2009)

Para recordar:
- Durante la década de los 90, los militares dejaron el poder para dar paso a un régimen democrático, que en algunos países fue neopopulista.
- En materia económica, después de las privatizaciones en masa de finales de siglo, América Latina tiende a recuperar el papel del Estado.
- Cuba mantiene su régimen socialista pero con un nuevo presidente. Además, las relaciones internacionales ya son menos tensas.

📖 Para saber más:
Centro para la Apertura y el Desarrollo en América Latina: www.cadal.org
Neopopulismo: www.fundacionpreciado.org.mx/biencomun/bc152/francisco_r.pdf
Neoliberalismo: www.analitica.com/va/economia/opinion/1810444.asp
          www.cepchile.cl/dms/archivo_3396_1768/r95_ghersi_neoliberalismo.pdf
Cuba: www.libertaddigital.com/ilustracion_liberal/articulo.php/123
       http://adelasoto.blogspot.com/2006/03/periodo-especial-en-cuba.html

85 el punto álgido: (fig.) Höhepunkt
86 el/la balsero/a: (fig.) Flößer/in; Flüchtlinge per Boot

■ Ejercicios

1. **¿Lo has entendido? ¿Quién hizo qué? Ordena las personas con los hechos históricos.**

Emilio Zapata	es el padre espiritual de la revolución nicaragüense que lleva su nombre.
Lázaro Cárdenas	fue el primer presidente de un partido marxista en llegar al poder gracias a unas elecciones democráticas.
Fidel Castro y Che Guevara	fue un presidente peruano populista a finales del siglo XX.
Augusto César Sandino	se rebeló en el sur de México durante la Revolución Mexicana.
Óscar Arias y Rigoberta Menchú	protagonizaron la Revolución Cubana.
Salvador Allende	fue un presidente populista mexicano que creó la empresa petrolera estatal PEMEX.
Alberto Fujimori	recibieron el Premio Nobel de la Paz por su defensa de América Central.

2. **Texto. Escribe una redacción sobre uno de estos temas.**
   1. El populismo político y económico a lo largo del siglo XX.
   2. El papel de la Guerra Fría en la evolución e influencia de la Revolución Cubana.
   3. América Latina tras el fin de las dictaduras militares.

3. **Debate. En pequeños grupos o toda la clase.**
   ¿Cuáles son las causas del imperialismo estadounidense? ¿Creéis que sigue teniendo legitimidad en el siglo XXI? Recordad que el embargo contra Cuba sigue en pie y que los Estados Unidos tienen una base militar en Guantánamo.
   Antes de debatir, preparad el debate y escribid posibles argumentos.

4. **Proyecto. En grupos, preparad un trabajo por escrito o como exposición oral sobre uno de estos temas:**
   1. La Revolución Mexicana. Desarrollo, fin y consecuencias.
   2. La Revolución Cubana. Desarrollo y consecuencias.
   3. América Central en el siglo XX.
   4. La integración política y económica de América Latina en el siglo XXI.

7. América Latina hoy: política, economía, cultura y sociedad

En este capítulo vamos a ver una panorámica general de América Latina a partir de cuatro grandes temas: la política, la economía, la cultura y la sociedad. Dentro de *sociedad* se ha incluido también al importante grupo de hispanos en los Estados Unidos, la diáspora latinoamericana más grande en el extranjero. Como la región es tan amplia y tan compleja, el capítulo se plantea como una selección de temas y se presenta de forma esquemática. Además, se hace referencia explícita a internet, puesto que en este medio el lector o la lectora interesado/a podrá profundizar en los temas que le interesen. Antes de entrar en los temas específicos, se presenta un cuadro con portales globales especializados en América Latina.

Tabla 1:
Selección de portales globales especializados

Portales globales	Descripción	Página web
infolatam	Información y análisis de expertos. Selección de prensa y de enlaces	www.infolatam.com
ALAI – Agencia Latinoamericana de Información	Información y análisis de expertos. Publicaciones y temas especiales	http://alainet.org
REDIAL – Red Europea de Información y Documentación sobre América Latina	Información e investigaciones europeas sobre América Latina	www.red-redial.net
Lacult	Portal de cultura de América Latina y el Caribe de la UNESCO	www.lacult.org
LANIC – Latin American Network Information Center	Portal de la Universidad de Texas. Clasificación por temas	http://lanic.utexas.edu/indexeso.html
Portales de noticias en alemán	Divulgación alternativa a la prensa oficial en lengua alemana	www.lateinamerikanachrichten.de http://amerika21.de www.npla.de
Biblioteca Digital Mundial	En el apartado sobre América, importantes documentos sobre los más variados temas	http://www.wdl.org/es/

Política

En la mayoría de los países de América Latina, existe un sistema político multipartidista, lo que obliga a los partidos a formar coaliciones para poder gobernar. Solo unos cuantos países, fundamentalmente Colombia, Costa Rica, El Salvador, y Honduras se acercan a un bipartidismo puro. Estos países con sistemas bipartidistas tienen los siguientes partidos:

Tabla 2:
Países con sistema político bipartidista

País	Partido	Ideología	Página web
Colombia	Partido Liberal (PL)	Centroizquierda	www.partidoliberal.org.co
	Partido Conservador de Colombia (PCC)	Democracia cristiana	www.partidoconservador.org
Costa Rica	Partido de Liberación Nacional (PLN)	Centroizquierda, Tercera vía	www.pln.or.cr
	Partido Unidad Social Cristiana (PUSC)	Democracia cristiana, neoliberalismo	www.partidounidadsosialcristiana.com
El Salvador	Alianza Republicana Nacionalista (ARENA)	Neoliberalismo, conservadurismo	www.arena.com.sv
	Frente Farabundo Martí para la Liberación Nacional (FMLN)	Izquierdas, revolucionario	http://www.fmln.org.sv
Honduras	Partido Liberal de Honduras (PLH)	Centroderecha	www.partidoliberaldehonduras.hn
	Partido Nacional de Honduras (PNH)	De centro reformista	www.partidonacional.hn

Ideologías políticas

En cuanto al espectro de ideologías, la situación se parece bastante a la de Europa, con partidos de izquierdas (desde los de inspiración marxista hasta la socialdemocracia) y de derechas (desde los más conservadores y neoliberales hasta los de centro). Pero la región tiene también ideologías que le son propias a causa de su historia. Son básicamente tres: el **indigenismo**, el **populismo** y la **izquierda revolucionaria**. Los partidos indigenistas defienden los intereses de la población prehispana y la nacionalización de los recursos naturales del país. Tanto el populismo como los partidos revolucionarios de izquierda tienen sus raíces en la historia de América Latina del siglo XX. Algunos partidos aglutinan también varias o todas estas características, como por ejemplo el partido de Hugo Chávez de Venezuela. En la siguiente tabla podemos ver unos cuantos ejemplos.

Tabla 3:
Ideologías

Ideología	País	Partido	Página web
Indigenismo	Bolivia	Movimiento al Socialismo (MAS). Partido del presidente Evo Morales	www.masbolivia.com
	Guatemala	Encuentro por Guatemala – WINAQ. Partido liderado por Rigoberta Menchú	www.encuentroporguatemala.org
Populismo	Argentina	Partido Justicialista (PJ)	www.pj.org.ar
	Ecuador	Partido Roldosista Ecuatoriano (PRE)	
	México	Partido Revolucionario Institu-cional (PRI)	www.pri.org.mx
Izquierda revolucionaria	Venezuela	Partido Socialista Unido de Venezuela (PSUV): Fusión de partidos de izquierdas que apoyan la revolución bolivaria-na. Iniciativa de Hugo Chávez (2007)	www.psuv.org.ve
	Nicaragua	Frende Sandinista de Libera-ción Nacional (FSLN)	www.lavozdelsandinismo.com

Chile y Cuba

Dos casos especiales merecen mención: Chile y Cuba. En Chile, desde 1990 varios partidos oponentes a Pinochet fundaron la coalición llamada **Concertación de Partidos por la Democracia** (www.primariasconcertacion.cl). Esta coalición es de ideología socialdemócrata y está en el gobierno desde 1990. En contrapartida, en 2009 se formó una coalición de partidos de derechas, **Coalición por el Cambio**, para las elecciones presidenciales de ese año.

En Cuba, el régimen político es una dictadura cuyo único partido legal es el **Partido Comunista de Cuba** (www.pcc.cu). Las elecciones se celebran por asambleas locales en las que los ciudadanos eligen a los candidatos directamente.

Parlamentos supranacionales

Para fomentar el diálogo político y la integración a nivel internacional, existen diversos parlamentos supranacionales que se formaron según las diferentes regiones de América Latina. Están representados los partidos políticos más importantes de sus países miembros. Sus diputados son elegidos mediante elecciones en los estados miembros.

Tabla 4:
Selección de parlamentos internacionales

Parlamento	Fundación	Sede	Página web
Parlamento Centroamericano (PARLACEN)	1987	Ciudad de Guatemala	www.parlacen.org.gt
Parlamento del Mercosur	2005	Montevideo	www.parlamentodelmercosur.org
Parlamento Latinoamericano (Parlatino)	1964	Ciudad Panamá	www.parlatino.org
Parlamento Andino	1979	Bogotá	www.parlamentoandino.org
Parlamento Amazónico	1989	Caracas	www.parlamentoamazonico.gob.ve
Parlamento Indígena de América (PIA)	1988	La Paz	www.congreso.gob.pe/grupo_parlamentario/ gp_indigena/PIA.htm

Economía

Sector primario

La economía de América Latina es tan variada y vasta como lo es la misma variedad de sus países. En el sector primario, existe tanto una agricultura de subsistencia como otra de tipo comercial y orientada a la exportación. Esta última produce productos como el café (América Central, Colombia), caña de azúcar (Cuba), cereales (Argentina, Uruguay), o productos tropicales (banana, coco, piña, aguacate). La ganadería de exportación tiene mucha importancia en la Patagonia, el Chaco y la Pampa. Estas zonas exportan carne, leche, cuero y lana.

Sector secundario

En cuanto al sector secundario, América Latina es una zona escasamente industrializada. Pero destaca en la minería y en la producción energética gracias a sus recursos naturales en petróleo (fundamentalmente México, Venezuela y Ecuador) y gas natural (Bolivia). Las industrias mineras se concentran en Argentina, México, Venezuela, Bolivia y Chile.

Sector terciario o de servicios

El tercer sector de importancia en economía es el de servicios, dentro del cual América Latina destaca por el turismo, sobre todo del exterior. Pero en la región también operan empresas de transporte, de comunicación (teléfono, prensa, radio, televisión y correos), tanto estatales como privadas. Dos servicios más dentro de este sector muy importantes para el bienestar de los ciudadanos son la sanidad y la educación. En la mayoría de los países, la sanidad es mayoritariamente estatal, aunque se complementa con un creciente sector privado, con la única excepción de Cuba. El sistema educativo se divide entre la escuela pública y la privada.

Tabla 5:
Selección de empresas privadas o estatales dentro del sector terciario

País	Empresas de transporte	Periódicos	Sanidad
Argentina	Subterráneo de Buenos Aires www.sbase.com.ar/es	Clarín www.clarin.com	Obras Sociales www.obras-sociales.com
Bolivia	Empresa Ferroviaria Andina S.A. www.fca.com.bo	El Diario www.eldiario.net	Caja Nacional de Salud www.csn.gov.bo
Chile	LAN Chile www.lan.com	El Mercurio http://diario.elmercurio.com	Instituciones de Salud Provisional (ISAPRE) www.isapre.cl
Colombia	Transmilenio www.transmilenio.gov.co	El Tiempo www.eltiempo.com	
Costa Rica	Grupo Tical Holding ww.tical.com	La Prensa Libre www.prensalibre.co.cr	NetSalud www.netsalud.sa.cr
Cuba	Viazul www.viazul.cu	Diario Granma www.granma.cubaweb.cu	Infomed www.sld.cu
Ecuador	TAME – Línea Aérea del Ecuador www.tame.com.es	La Hora www.lahora.com.ec	Instituto Ecuatoriano de Seguridad Social (IESS) www.iess.gov.ec
El Salvador	FENADESAL – Ferrocarriles Nacionales de El Salvador www.fenadesal.gob.sv	El Diario de Hoy www.elsalvador.com	Instituto Salvadoreño del Seguro Social www.isss.gob.sv
Guatemala	Autobuses del Norte www.adnautobusesdelnorte.com	Prensa Libre www.prensalibre.com	Instituto Guatemalteco de Seguridad Social (IGSS) www.igsst.org
Honduras	Dacotrans Internacional www.dacotrans.hn	La Tribuna www.latribuna.hn	Instituto Hondureño de Seguridad Social (IHSS) www.ihss.hn
México	Servicio de Transportes Eléctricos del D.F. www.ste.df.gob.mx	El Universal www.eluniversal.com.mx	MetLife México S.A. www.metlife.com.mx
Nicaragua	Aeropuerto Internacional Augusto C. Sandino www.eaai.com.ni	La Prensa www.laprensa.com.ni	Instituto Nicaragüense de Seguridad Social (INSS) www.inss.gob.ni
Panamá	Canal de Panamá www.pancanal.com	Prensa www.prensa.com	Caja del Seguro Social de Panamá www.css.org.pa

País	Empresas de transporte	Periódicos	Sanidad
Paraguay	Naveradi S.A. www.naveradi.com.py	Última Hora www.ultimahora.com	ASISMED – Medicina Prepaga www.asismed.com.py
Perú	Corporación Peruana de Aeropuertos y Aviación Comercial – CORPAC S.A. www.corpac.gob.pe	El Comercio www.elcomercio.com.pe	Superintendencia de Entidades Prestadoras de Salud (SEPS) www.seps.gob.pe
Puerto Rico	Departamento de Transportación y Obras Públicas (DTOP) www.dtop.gov.pr	El Nuevo Día www.elnuevodia.com	Seguro Social por Internet www.socialsecurity.gov/espanol
República Dominicana	Metro de Santo Domingo http://metro.com.de	Listín Diario www.listin.com.de	Seguro Nacional de Salud (SeNaSa) www.arssenasa.gov.do
Uruguay	Primeras Líneas Uruguayas de Navegación Aérea (PLUNA) www.flypluna.com	El País www.elpais.com.uy	IMPASA (Ejemplo de una Institución de Asistencia Médica Colectiva, IMAC) www.impasa.com.uy
Venezuela	Gran Cacique www.grancacique.com.ve	Últimas Noticias www.ultimasnoticias.com.ve	Instituto Nacional de Prevención, Salud y Seguridad Laborales (Inpsasel) www.inpsasel.gov.ve

Organizaciones internacionales

En el plano internacional, desde la segunda mitad del siglo XX se han intensificado las relaciones comerciales entre los países y su proyección internacional. Existen diferentes organizaciones y alianzas según la región (por ejemplo el Mercosur), o ideologías (ALBA – TCP).

Tabla 6:
Organizaciones económicas internacionales

Organización	Funciones	Página web
Organización de los Estados Americanos (OEA)	– Promover la democracia, la educación y la seguridad – Mejorar la cooperación en la lucha contra las drogas – Apoyar la creación de un Área de Libre Comercio	www.oas.org
Comisión Económica para América Latina y el Caribe (CEPAL)	– Fortalecer el desarrollo económico de América Latina – Reforzar las relaciones económicas entre los países	www.eclac.cl

Organización	Funciones	Página web
Asociación Latinoamericana de Integración (ALADI)	– Lograr un mercado común latinoamericano	www.aladi.org
Mercado Común del Sur (Mercosur)	– Fomentar la libre circulación de bienes entre los estados miembro (Argentina, Brasil, Paraguay y Uruguay) – Establecer un arancel externo común – Coordinar las políticas macroeconómicas de los estados miembro	www.mercosur.int
Comunidad Andina de Naciones	– Fomentar la integración y el crecimiento de sus estados miembro (Bolivia, Colombia, Ecuador y Perú) – Promover su proyección económica externa	www.comunidadandina.org
Alianza Bolivariana para los Pueblos de Nuestra América – Tratado de Comercio de los Pueblos (ALBA – TCP)	– Luchar contra la pobreza y la exclusión social – Cooperar con fondos y créditos mediante el banco del ALBA – Ser una alternativa al Área de Libre Comercio de las Américas (ALCA), impulsada por los Estados Unidos	www.alternativabolivariana.org

Cultura

Lenguas

Además del español, venido con los conquistadores en el siglo XVI, en todos los países de América Latina se habla una multitud de lenguas originarias. En Colombia se hablan unas 70 lenguas, en Perú unas 60, en México unas 50, en Bolivia unas 30, etc. Las que tienen un mayor número de hablantes son el náhuatl o azteca, el quiché (una lengua maya), el quechua, el aymara, el guaraní y el mapuche. En algunos países, estas lenguas también son oficiales junto con el español, como por ejemplo el guaraní en Paraguay o el quechua y el aymara en Perú y Bolivia.

Tabla 7:
Idiomas indígenas mayoritarios de América Latina

Lengua	Países donde se habla	Página(s) web
Náhuatl	México, Guatemala y El Salvador	Mexica: http//mexica.ohui.net
Idiomas mayas	Sur de México, Guatemala, Honduras y El Salvador	Academia de Lenguas Mayas (ALMG): www.almg.org.gt Diccionario español-maya: http://aulex.org/es-myn

Lengua	Países donde se habla	Página(s) web
Aymara	Bolivia, Perú y Chile	Aymara Uta: http://aymara.org Instituto de Lengua y Cultura Aymara (ILCA): www.ilcanet.org
Quechua	Sur de Colombia, Ecuador, Perú, Bolivia y norte de Argentina	Cursos de quechua: www.yachay.com.pe/especiales/quechua www.ullanta.com/quechua
Guaraní	Paraguay, Argentina y Bolivia	Guaraní: www.guarani.de
Mapuche	Chile y Argentina	Mapuche Internacional: www.mapuche-nation.org Centro de Documentación Mapuche: www.mapuche.info

Fiestas populares y gastronomía

En todos los países de América Latina, como en el resto del mundo occidental, se celebran fiestas de origen cristiano como las Navidades (www.navidadlatina.com), el carnaval o el día de Todos los Santos. La manera de celebrarlo, sin embargo, difiere en cada país. América Latina también celebra fiestas civiles como el 1 de mayo y sus respectivos días nacionales de la independencia de España. Y una fecha festiva común con España es el 12 de octubre, el día en que Colón llegó al Caribe en 1492 pensando que estaba cerca de Japón.

En cuanto a la gastronomía, es tan variada como lo es la región. Tiene sus raíces en la tradición precolombina y combina ingredientes propios con elementos europeos como el pollo, el aceite de oliva o el vino. Pero desde el «descubrimiento» de América, más de la mitad de los ingredientes de las gastronomías de todo el mundo proviene de este continente, al igual que la palabra del alimento. Así, de los aztecas y del náhuatl tenemos por ejemplo el aguacate, el cacao, el chile, el chocolate y el tomate. Y de los incas y del quechua nos ha llegado la papa o patata. En el Perú, el Centro Internacional de la Papa se dedica a preservar e investigar las variedades ancestrales de este tubérculo hoy en día imprescindible (www.cipotato.org).

Tabla 8:

Selección de fiestas y gastronomía de los países de América Latina

País	Fiestas populares	Gastronomía
Argentina	Fiesta Nacional del Ternero y Día de la Yerra www.fiestadelternero.org.sr	Recetas tradicionales www.redargentina.com/recetas
Bolivia	Carnaval de Oruro www.orurocarnaval.com	El sabor de Bolivia www.bolivia.com/el_sabor_de_bolivia
Chile	Nuestro Chile www.nuestro.cl	Recetas de comidas chilenas www.nuevoanden.com/recetas.html
Colombia	Carnaval de Barranquilla www.carnavaldebarranquilla.org	Cocina colombiana http://cocinacolombiana.espaciolatino.com
Costa Rica	Fiestas de Costa Rica www.conozcacostarica.com/cultural.htm	ICAFE – Instituto del Café de Costa Rica www.icafe.go.cr
Cuba	Parrandas de Remedios www.parrandasderemedios.com	Cocina cubana http://cocina.cuba.cu
Ecuador	Carnaval de Guaranda www.carnavaldeguaranda.com	Comidas y Bebidas en Ecuador http://equaguia.com/gastronomia
El Salvador	Folklore de El Salvador www.folklordeelsalvador.com	Recetas www.elsalvador.com/mujer/buenprovecho
Guatemala	La Quema del Diablo www.enantigua.com/es/cultura/navidad/diablo/	Recetas chapinas www.quetzalnet.com/recetas
Honduras	El carnaval de La Ceiba www.laceiba.com/carnaval.html	Foods of Honduras www.honduras.net/foods
México	Día de los Muertos www.diademuertos.com	Cocina mexicana http://cocina-mexico.com
Nicaragua	La Purísima (La Gritería) www.touring-costarica.com/purisima.html	La cocina de Doña Haydée www.lacocina.com.ni
Panamá	Panamá típico – El portal de la panameñidad www.panamatipico.com	Somos Panamá www.somospanama.com/recetas
Paraguay	Fiestas populares www.redparaguaya.com/elpais/fiestaspopulares.asp	Gastronomía paraguaya www.paraguay.com
Perú	Inti Raymi (Fiesta del Sol) www.cusco.net/articulos/spn/intiraymi.htm	Sabores del Perú www.saboresdelperu.com
Puerto Rico	Los Reyes Magos de Juana Díaz www.reyesdejuanadiaz.com	Cocina criolla http://comerio.us/recetas
República Dominicana	El Carnaval www.carnaval.com.de	Cocina dominicana www.cocinadominicana.com

País	Fiestas populares	Gastronomía
Uruguay	Las Murgas www.lasmurgas.com.uy	Puglia Cocina www.pugliacocina.com
Venezuela	Fiestas populares www.venaventours.com/fiestas.asp	Venezuela la tuya www.venezuelatuya.com/cocina

Literatura y cine

La literatura y el cine son dos expresiones artísticas que gozan de una muy buena salud en América Latina. Tanto la literatura como el cine latinoamericano tienen un gran renombre más allá del mundo hispano. Nombres como Mario Vargas Llosa (escritor peruano), Yoani Sánchez (periodista y bloguista cubana) o Guillermo del Toro (cineasta mexicano) son conocidos mundialmente. La selección que sigue es solo un pequeño botón de muestra de la riqueza artística de la región.

Tabla 9:

Selección de portales de literatura y de cine de América Latina

Portales literarios	Página web	Portales de cine	Página(s) web
Literatura argentina contemporánea	www.literatura.org	Portales de cine latinoamericano	www.latamcinema.com www.cinelatinoamericano.org
Bolivia cultural	www.boliviacultural.org	Cine independiente	www.cinevivo.org
Cuba literaria	www.cubaliteraria.com	Cine argentino y uruguayo	www.cinenacional.com http://cinemateca.org.uy
Literatura ecuatoriana	www.literaturaecuatoriana.com	Cine chileno	www.cinechileno.org
Literatura guatemalteca	www.literaturaguatemalteca.org	Cine colombiano	htpp://cine.colombia.com
Dramaturgos de México	www.dramaturgiamexicana.com	Cine cubano	www.cubacine.cu
Literatura de la República Dominicana	www.cielonaranja.com	Cine mexicano	www.cinetecanacional.net

Sociedad

Los temas de sociedad son muchos y variopintos. Aquí se han seleccionado seis: los hispanos en los Estados Unidos, la comunidad extranjera más grande en ese país y que contribuye a la expansión del español más allá de los países de América Latina; la migración, íntimamente ligada a la emigración a los Estados Unidos; el desarrollo; las mujeres y sus derechos; el narcotráfico y los pueblos indígenas.

Tabla 10:
Selección de temas actuales y de páginas web con más información

Tema	Institución	Página(s) web
Hispanos en Estados Unidos	*Prensa:* Revista Contacto	www.contactomagazine.com
	Hispanic PR Wire. Servicio de distribución de noticias	http://hispanicprwire.com
	Televisión abierta Univisión	www.univision.com
	La Opinión, periódico editado en California. El más leído en los EE.UU.	www.impre.com/laopinion
	Agrupaciones: LULAC – League of United Latin American Citizens	www.lulac.org
	National Council of La Raza	www.nclr.org
	Voto latino. It's your country... represent!	www.votolatino.org
	Portales de cultura: Latinoteca. The world of Latino culture and arts	www.latinoteca.com
	Nuestra palabra. Latino writers having their say	www.nuestrapalabra.org
	Portales para encontrar trabajo: iHispano. The professional Latino Network	www.ihispano.com
	LatPro. The essential job board for Hispanic & bilingual professionals	www.latpro.com
	El Gobierno de los Estados Unidos en español	www.usa.gov/gobiernousa
Migración	Centro de Información Migratoria para América Latina	www.cimal.cl
	Conferencia Regional sobre Migración	www.crmsv.org
	Dirección Nacional de Migración, Argentina	www.migraciones.gov.ar
	Instituto de los Mexicanos en el Exterior	www.ime.gob.mx
	Inmigración y Visas. Servicio de inmigración	www.inmigracionyvisas.com
	The City – La ciudad. Documental sobre inmigración a Nueva York	www.pbs.org/itvs/laciudad
	Proyectos de investigación: Mexican Migration Project (MMP)	http://mmp.opr.princeton.edu
	Latin American Migration Project (LAMP)	http://lamp.opr.princeton.edu
Pueblos indígenas	Movimientos	www.movimientos.org
	Fundación PROEIB Andes. En defensa del multilingüismo	http://fundacion.proeibandes.org
	Prensa indígena	www.prensaindigena.org.mx
	Fondo indígena	www.fondoindigena.org
	Cumbre Continental Indígena	www.cumbrecontinentalindigena.org
	Foro de Radios	www.foroderadios.org

Tema	Institución	Página(s) web
Desarrollo	Organización Panamericana de la Salud Inter-American Development Bank Red Social América Latina y Caribe Revista Latinoamericana de Recursos Humanos	http://new.paho.org www.iado.org www.redsocial.org www.revistadesarrollohumano.org
	Medio Ambiente: Red de Desarrollo Sostenible y Medio Ambiente (REDESMA) Tierramérica	www.redesma.org www.tierramerica.info
	Selección de Países: Argentina: Fundación para el Desarrollo Sustentable Bolivia: Fondo Nacional de Desarrollo Regional Costa Rica: Programa Estado de la Nación México: Red Nacional de Desarrollo Rural Sustentable (RENDRUS) Perú: GRADE. Grupo de Análisis para el Desarrollo Venezuela: Redsoc. Red Venzolana de Organizaciones para el Desarrollo Social	www.fundacionsustentable.org www.fndr.gov.bo www.estadonacion.or.cr www.rendrus.org www.grade.org.pe www.redsoc.org.ve
Narcotráfico	Explorando México. Ir a «Sobre México» y después a «Política»	www.explorandomexico.com.mx
	Infolatam. Ir a «Secciones, Especial Narcotráfico América Latina»	www.infolatam.com
	BBC Mundo. Narcotráfico, industria global	www.bbc.co.uk/spanisch/extra006drogas.htm
Mujeres	Mujeres en cifras Red de Mujeres afroamericanas Católicas por el derecho a decidir América Latina Genera	www.eurosur.org/FLACSO/mujeres www.mujeresafro.org www.catolicasporelderechoadecidir.org www.americalatinagenera.org
	Hispanas The Latina Voz Latinas Unidas National Hispana Leadership Institute	www.thelatinavoz.com www.latinasunidas.org www.nhli.org
	Violencia contra las mujeres Fundación Sobrevivientes Redfem Mujeres Hoy Banco de datos Feminicidio	www.sobrevivientes.org www.redfem.net www.mujereshoy.com www.feminicidio.cl

América Latina es casi un doble continente con unos veinte países. Cada país, como saben los lectores, tiene su ideosincrasia y peculiaridades. Pero sí puede decirse que todos tienen algunos rasgos comunes: una historia precolombiana gloriosa, la pertenencia al llamado mundo occidental en el ámbito cultural (en contraste con el mundo asiático o el árabe), la lengua común y las políticas de desarrollo económico y social. En el ámbito cultural, la literatura hispanoamericana ya está establecida como literatura universal desde hace décadas. Lo mismo está ocurriendo con el cine y la música, también los de procedencia estadounidense. Pero quedan varios problemas que resolver: el latente machismo de la región, que llega a extremos violentos muy graves, la situación de la población indígena y sus derechos, el medio ambiente, y por supuesto el narcotráfico con sus mafias. Como en otras partes del mundo, América Latina está luchando por superar los problemas.

8. Glosario de nombres, conceptos históricos, lugares geográficos y siglas

a.C.	antes de Cristo, vor Christus
Ahuítzotl	achter aztekischer König (1486–1502)
Alejandro VI	Alexander VI., römischer Papst (1431–1503)
Alfonsín, Raúl	erster Präsident Argentiniens nach der Militärdiktatur im 20. Jahrhundert (1983–1989)
Allende Gossens, Salvador	Präsident Chiles zwischen 1970 und 1973; abgesetzt durch den Militärputsch Pinochets (1908–1973)
Amazonas	Amazonas, der längste und wasserreichste Fluss der Erde
Anáhuac, Valle de	Valle de México, Tal in Mexiko, in dessen Zentrum heute die Hauptstadt liegt
Andes, Cordillera de los	Gebirgskette entlang der Westküste Südamerikas von Venezuela bis Chile und Argentinien; längste Gebirgskette der Erde
Andrés Pérez, Carlos	Präsident Venezuelas (1989–1993)
Antillas Menores, las	Pequeñas Antillas, Kleine Antillen; Inselkette in der Karibik zwischen Puerto Rico und der Küste Venezuelas
Antillas, las	Antillen, Inselgruppe in der Karibik; sie setzen sich aus den Großen Antillen (Kuba, Jamaika, Hispaniola – Haiti/ Dominikanische Republik – und Puerto Rico) und den Kleinen Antillen zusammen
Argentina	Argentinien; Unabhängigkeit 1816
Argentino Roca, Julio	Präsident Argentiniens (1880–1886 und 1898–1904)
Arias Sánchez, Óscar	Präsident von Costa Rica (1986–1990 und seit 2006)
Atahualpa	Thronanwärter auf das Inkareich – im Krieg mit seinem Bruder Huáscar –, als die Spanier 1532 ankommen (1500–1533)
Avellaneda Silva, Nicolás	Präsident Argentiniens (1874–1880)
Axayáctl	sechster aztekischer König (1468–1481)
Azores, las	Azoren, Inselgruppe im Atlantik; autonome Region Portugals
Bahamas, las	Inselstaat in der Karibik zwischen den USA und Kuba
Batista y Zaldívar, Fulgencio	Präsident und Diktator Kubas (1940–1944 und 1952–1959)
Belice	Belize, Land Zentralamerikas; Unabhängigkeit von Großbritannien 1981
Bolívar, Simón	Militär, Politiker und Unabhängigkeitskämpfer (1783–1830)
Bolivia	Bolivien; Unabhängigkeit 1825
Bonaparte, Napoleón	Napoleon Bonaparte (1769–1821)
Brasil	Brasilien; Unabhängigkeit von Portugal 1822

Cárdenas del Río, Lázaro	Präsident von Mexiko (1934–1940)
Caribe, el	Karibik, tropischer Teil des Atlantiks nördlich vom Äquator
Carlos IV	Karl IV., spanischer König zur Zeit der Französischen Revolution (1748–1819)
Carlos V	Karl V., Kaiser des Heiligen Römischen Reiches Deutscher Nation; Karl I. von Spanien (1500–1558)
Carranza Garza, Venustiano	Revolutionär und Präsident von Mexiko (1914–1920)
Castilla del Oro	erste spanische Siedlung auf dem amerikanischen Festland (1509–1539); heute Honduras, Nicaragua, Panama und die Ostküste Kolumbiens
Castro Ruz, Fidel	Revolutionär und Präsident Kubas (1959–2008)
Castro Ruz, Raúl	Revolutionär und Präsident Kubas seit 2008
Calderón Sandino, Augusto	Anführer der Guerilla gegen die US-Besatzung in Nicaragua Anfang des 20. Jahrhunderts (1895–1934)
Chávez, Hugo	Präsident Venezuelas seit 1998
Chile	Chile; Unabhängigkeit von Spanien 1818
Colombia	Kolumbien; Unabhängigkeit 1819
(CPC) Comisión Parlamentaria Conjunta del Mercosur	Parlamentarischer Ausschuss des Mercosur, politische Vertretung des Mercosur; er wurde durch das Parlament des Mercosur 2007 ersetzt
CONAI (Confederación de Nacionalidades Indígenas del Ecuador)	Bündnis indigener Nationalitäten in Ecuador
Constantinopla	Konstantinopel, heute Istanbul, Hauptstadt der Türkei
Colón, Cristóbal	Kolumbus, Christoph; Seefahrer und aus europäischer Sicht Entdecker Amerikas (1493–1504)
Cortés, Hernán	Eroberer des Aztekischen Reiches (1485–1547)
Cuba	Kuba; Unabhängigkeit von Spanien 1898, von den USA 1902
Cumbre Iberoamericana	Iberoamerika-Gipfel; jährliches Forum der Staats- und Regierungschefs der iberoamerikanischen Staaten (spanisch- und portugiesischsprachigen) sowie Spanien, Portugal und Andorra
d.C.	después de Cristo, nach Christus
Darién	erste spanische Siedlung auf dem amerikanischen Kontinent, heute Provinz von Panama
de Aguirre, Lope	spanischer Eroberer; er nahm an der Expedition auf der Suche nach dem El Dorado teil, bei der zum ersten Mal Europäer den Amazonasfluss bis zur Mündung befuhren (1511–1561)
de Almagro, Diego	spanischer Eroberer; er nahm an der Eroberung des Inkareiches teil (1475–1538)
de Benalcázar, Sebastián	spanischer Eroberer; er nahm an der Eroberung des Inkareiches teil und entdeckte anschließend die Chibcha-Kultur im heutigen Kolumbien (1480–1551)

de la Rúa, Fernando	Präsident Argentiniens (1999–2001)
de Las Casas, Bartolomé	Mönch aus dem Dominikanerorden; er setzte sich sehr stark für die Rechte der Bevölkerung Amerikas ein (1484–1566)
de Magallanes, Fernando	Fernão de Magalhães; portugiesischer Seefahrer und Entdecker der Magellanstraße, der Meeresenge in Südamerika, die den Atlantik mit dem Pazifik verbindet (1480–1521)
de México, Maximiliano I	Mitglied des Hauses Habsburg; Kaiser von Mexiko zwischen 1864 und 1867 (1832–1867)
de Olavide y Jáuregui, Pablo	peruanischer Schriftsteller, Jurist und Politiker (1725–1803)
de Orellana, Francisco	spanischer Eroberer; er befuhr den Amazonasfluss bis zu seiner Mündung (1511–1546)
de Paula Santander, Francisco	Kämpfer bei den Unabhängigkeitskriegen gegen Spanien und Präsident Neu-Granadas, heute Kolumbien (1792–1840)
de Quiroga, Vasco	erster Bischof von Michoacán, Mexiko (1470–1565)
de Rosas, Juan Manuel	Militär und Diktator Argentiniens zwischen 1829 und 1852 (1793–1877)
de Sahagún, Bernardino	spanischer Mönch und Ethnologe (1499–1590)
de San Martín, José	Militär und Unabhängigkeitskämpfer (1788–1850)
desierto de Atacama, el	trockenste Wüste der Welt im Norden Chiles
desierto de Nazca, el	Wüste im Süden Perus, wo die berühmten Figuren aus der Nazca-Kultur (1.– 6. Jh.) zu sehen sind
Díaz de Gamarra, Juan Benito	mexikanischer Philosoph (1745–1783)
Díaz Ordaz, Gustavo	Präsident von Mexiko zwischen 1964 und 1970 (1911–1979)
Díaz Mori, Porfirio	Präsident von Mexiko zwischen 1876 und 1911 (1830–1915)
Drake, Francis	englischer Korsar und Freibeuter (1540–1596)
Duarte de Perón, Evita	Erste Dame Argentiniens während der ersten Präsidentschaft von Juan Perón (1910–1952)
Ecuador	Ecuador; Unabhängigkeit von Spanien 1821
Edad de Piedra, la	Steinzeit
El Dorado	legendärer Ort in der Mitte des heutigen Kolumbiens
Era del Pleistoceno	Pleistozän oder Eiszeitalter
Espejo, Eugenio	Ecuatorianischer Forscher, Arzt und Journalist (1747–1795)
Estrecho de Bering, el	Beringstraße, Meeresenge zwischen Asien und Amerika
EZLN (Ejército Zapatista de Liberación Nacional)	Guerillaorganisation in Chiapas, Mexiko, seit 1994
Farabundo Martí Rodríguez, Agustín	kommunistischer Politiker von El Salvador (1893–1932)
Federmann, Nicolás	Handelsagent der Welser, Augsburg, und Entdecker (1506–1542)
Fernando VII	Prinz und König von Spanien zur Zeit der Unabhängigkeitskriege (1784–1833)

FMI (Fondo Monetario Internacional)	Internationaler Währungsfonds (IWF)
Fox Quesada,Vicente	Präsident von Mexiko zwischen 2000 und 2006
Francisco José I de Austria	Franz Joseph I. von Habsburg; Kaiser von Österreich und König von Ungarn (1830–1916)
Friedmann, Milton	Ökonom aus den USA, Vertreter des Liberalismus in der Wirtschaft (1912–2006)
Fujimori, Alberto	Präsident Perus (zwischen1990 und 2000)
Grito de Dolores	Ruf von Miguel Hidalgo, mit dem 1810 der Unab–hängigkeitskrieg Mexikos gegen Spanien begann
Guanahani	Insel in der Karibik, auf der Kolumbus zum ersten Mal 1492 amerikanischen Boden betrat
Guantánamo	US-Stützpunkt und -Militärgefängnis im Süden Kubas
Guatemala	Guatemala; Unabhängigkeit von Spanien 1821
Guerra de las Malvinas	Falklandkrieg zwischen Argentinien und Großbritannien (1982)
Guerra de los Mil Días	Krieg der Tausend Tage; Bürgerkrieg in Kolumbien (1899–1902)
Guerra Fría	Kalter Krieg; ideologischer, unbewaffneter Konflikt zwischen den kapitalistischen und den kommunistischen Ländern zwischen 1945 und 1989
Guevara de la Serna, Ernesto	marxistischer Politiker und Anführer der Kubanischen Revolution (1928–1967)
Guzmán Blanco, Antonio	dreimaliger Präsident Venezuelas zwischen 1870 und 1887 (1829–1899)
Haití	westlicher Teil der Insel Hispaniola; 1697 übergab Spanien diesen Teil an Frankreich; 1804 Unabhängigkeit und Festlegung des Namens auf Haiti
Hidalgo y Costilla, Miguel	mexikanischer Priester und Revolutionär; mit dem Grito de Dolores löste er 1810 den Unabhängigkeitskrieg Mexikos aus (1753–1811)
Honduras	Honduras; Unabhängigkeit 1823
Huáscar	König der Inkas, aber im Krieg mit seinem Bruder Atahualpa, als Pizarro in Peru 1532 ankommt (1491–1533)
Huayna Cápac	elfter Inka (König); er beendete die Expansion der Inkas in der Andenregion (1493–1525)
Huerta Márquez, Victoriano	mexikanischer General und Präsident zwischen 1913 und 1914 (1850–1916)
Huitzilopochtli	alter, vergöttlichter aztekischer Anführer
Imperio Ming, el	chinesisches Kaiserreich während der Ming-Dynastie (1368–1644)
Imperio Otomano, el	Osmanisches Reich (1299–1923)
Imperio Romano, el	Römisches Reich (27 v. Chr – 476)
Isla de Pascua	Osterinsel oder Rapa Nui; Insel im Südpazifik, die zu Chile gehört

Iturbide, Agustín de	erster Kaiser Mexikos zwischen 1822 und 1823 (1783–1824)
Itzcóatl	vierter aztekischer König (1426–1440)
Jamaica	Jamaika, Inselstaat in der Karibik; 1655 übergeben die Spanier die Insel an die Engländer; Unabhängigkeit 1962
Jiménez de Quesada, Gonzalo	spanischer Eroberer und Gründer von Bogotá, die heutige Hauptstadt Kolumbiens (1509–1579)
Johnson, Lyndon B.	US-Präsident zwischen 1963 und 1969; er kehrte zur Politik der militärischen Interventionen in Lateinamerika zurück (1908–1973)
Jrushchov, Nikita	Chruschtschow, Regierungschef der Sowjetunion zwischen 1958 und 1964 (1894–1971)
Juárez García, Benito	Präsident Mexikos zwischen 1858 und 1872 (1806–1872)
Kennedy, John F.	US-Präsident zwischen 1961 und 1963 (1917–1963)
Kirchner, Néstor	Präsident Argentiniens zwischen 2003 und 2007
La Española	Hispaniola, Name der karibischen Insel, die heute in die Dominikanische Republik und Haiti geteilt ist
López de Santa Anna, Antonio	mexikanischer General und elfmaliger Präsident zwischen 1833 und 1855 (1794–1876)
Machu Picchu	Ruinenstadt der Inkas in der peruanischen Region Cuzcos
Madeira	portugiesische Insel im Atlantik
Madero, Francisco I.	mexikanischer Revolutionär und Präsident zwischen 1911 und 1913 (1873–1913)
Malintzin	auch Malinche oder Doña Marina genannt; Dolmetscherin bei Cortés′ Eroberungszug des aztekischen Reiches (~1502–1529)
Manco Cápac	erster historischer Inka-König (~1200– ~1230)
Manco	auch Inca Manco oder Manco Cápac II genannt; letzter Inka-König; danach erster unabhängiger Inka-Herrscher nach der Eroberung des Inkareiches; Gründung des Vilcabamba-Staates (~1515–1544)
Mar del Sur	ursprünglicher Name für den Pazifischen Ozean
Martí y Pérez, José	kubanischer Schriftsteller und Unabhängigkeitskämpfer (1853–1895)
MAS (Movimiento al Socialismo)	Linksgerichtete Partei in Bolivien, die von Evo Morales angeführt wird
MCC (Mercado Común Centroamericano)	Binnenmarkt Zentralamerikas
Menchú Tum, Rigoberta	Guatemaltekische Menschenrechtsaktivistin
Menem, Carlos	Präsident Argentiniens zwischen 1989 und 1999
Mercosur	Mercado Común del Sur; Gemeinsamer Markt Südamerikas
México	Mexiko; Unabhängigkeit 1810
Mitre Martínez, Bartolomé	Präsident Argentiniens zwischen 1862 und 1868 (1821–1906)

Moctezuma I	fünfter aztekischer König (1440–1468)
Moctezuma II	neunter und letzter aztekischer König (1502–1520)
Monroe, James	US-Präsident zwischen 1817 und 1825 (1758–1831)
Morales Ayma, Evo	Präsident Boliviens seit 2006
Morazán Quezada, José Francisco	Präsident der Vereinigten Provinzen (Zentralamerika zwischen 1830 und 1839) (1792–1842)
Morelos y Pavón, José María	mexikanischer Priester und Unabhängigkeitskämpfer (1765–1815)
Napoleón III	Napoleon III., Kaiser Frankreichs zwischen 1852 und 1870 (1808–1873)
Neolítico	Jungsteinzeit
Nezahualcóyotl	König und Dichter aus Texcoco, Mexiko (1402–1472)
Nicaragua	Nicaragua; Unabhängigkeit 1821
Ninan Cuyuchi	Sohn von Huayna Cápac, Inka-König; er starb wie sein Vater an den Pocken (~1490–1527)
Obama, Barack	US-Präsident seit 2009
Obregón Salido, Álvaro	mexikanischer Militär und Präsident zwischen 1920 und 1924 (1880–1928)
Olaya Herrera, Enrique	Präsident Kolumbiens zwischen 1930 und 1934 (1880–1937)
Orinoco	zweitwasserreichster Fluss Südamerikas
Orozco Vázquez, Pascual	mexikanischer Militär und Revolutionär (1882–1915)
Pachacútec Inca Yupanqui	neunter Inka-König; er begann mit der Expansion des Inkareiches (1438–1471)
Pampa, La	Grassteppe in Argentinien
PAN (Partido de Acción Nacional)	konservative Partei Mexikos
Panamá	Panama; Unabhängigkeit 1903
Paraguay	Paraguay; Unabhängigkeit 1911
Parlamento Amazónico	Parlament Amazoniens
Parlamento Andino	Andenparlament
Patagonia	Patagonien
Península Ibérica	Iberische Halbinsel
Período arcaico	Archaische Periode, Bezeichnung der Vorgeschichte Amerikas
Período glaciar	Eiszeitalter
Perón, Juan	Präsident Argentiniens zwischen 1946 und 1955 sowie zwischen 1973 und 1974 (1895–1974)
Perú	Peru; Unabhängigkeit 1821
Pinochet Ugarte, Augusto	Diktator Chiles zwischen 1973 und 1990 (1915–2006)
Pizarro, Francisco	spanischer Eroberer (1475–1541)
Pizarro, Gonzalo	spanischer Eroberer (1502–1548)
Plan de Iguala	Plan von Iguala; verkündet 1821 durch Agustín de Iturbide während des mexikanischen Unabhängigkeits–krieges
PRI (Partido de la Revolución Institucional)	linksgerichtete Partei Mexikos

Reagan, Ronald	US-Präsident zwischen 1981 und 1989 (1911–2004)
República Dominicana	Dominikanische Republik; Unabhängigkeit 1865
Revolución Cubana	Kubanische Revolution (1953–1959)
Revolución Sandinista	Nicaraguanische Revolution (1979–1989)
Reyes Católicos, los	Katholische Könige (Isabella I. von Kastilien, 1451–1504, und Ferdinand II. von Aragon, 1452–1516)
Sarmiento, Domingo Faustino	Präsident Argentiniens zwischen 1868 und 1874 (1811–1888)
Sendero Luminoso	Leuchtender Pfad; peruanische Guerilla
Somoza, familia	Familie, die Nicaragua zwischen 1934 und 1979 beherrschte
Tahuantinsuyu, el	Inkareich; Name auf Quechua
Tenochtitlán	Hauptstadt des aztekischen Reiches
Tierra del Fuego	Feuerland; Chile und Argentinien seit 1881
Titicaca, lago	Titicacasee; Südamerikas größter See auf der Hochebene der Anden
Tizoc	siebter aztekischer König (1481–1486)
TLC (Tratado de Libre Comercio)	NAFTA-Abkommen
Túpac Amaru II	Spitzname für José Gabriel Condorcanqui Noguera; Anführer des Volksaufstandes gegen die Spanier 1780 in Peru (1738–1781)
Túpac Yupanqui	zehnter Inka-König (1471–1493)
Uruguay	Uruguay; Unabhängigkeit 1825
Venezuela	Venezuela; Unabhängigkeit 1821
Villa, Pancho	mexikanischer Revolutionär (1878–1923)
Zapata Salazar, Emiliano	mexikanischer Revolutionär (1879–1919)

9. Índice de personas, contenidos históricos y siglas

10. Tablas cronológicas

Capítulo 1

América Latina

80.000–8.000 a.C.	Glaciación de Wisconsin
30.000–12.000 a.C.	Primeros yacimientos
8.000–1.500 a.C.	Neolítico o Edad de Piedra

América del Norte

1.500–300 a.C	Olmecas
IX a.C.–XI d.C.	Zapotecas
VII a.C.–VIII d.C.	Teotihuacán
X–XII d.C.	Toltecas

Perú y los Andes

1.000 a.C.–300 a.C.	Chavín
400 a.C.–1.200 d.C.	Tiahuanaco
I–VI d.C.	Nazca
I–VII d.C.	Moche
S. VII–S. X	Huari
S. X–1462	Chimú

Colombia

IV a.C.–1539	Chibcha

Resto del mundo

80.000–8.000 a.C.	Glaciación de Würm
hasta 2.000 a.C.	Edad de Piedra
2.000 a.C.–800 a.C.	Edad de Bronce
a partir de 800 a.C.	Edad de Hierro
a partir de 1.500 a.C.	Egipto
3.000 a.C.–S. IV d.C.	China
S. IX a.C.–S. V d.C.	Grecia antigua
S. VIII a.C.–S. IV d.C.	Roma
S. IV–V	División del Imperio Romano, migraciones germánicas
S. V–S. XV	Desaparición del Imperio Romano de Occidente. Bizancio
622	Comienzo de la era islámica
800	Coronación de Carlomagno
962	Sacro Imperio Romano Germano

Capítulo 2

América Latina

Mayas

S. X a.C.	Primeras poblaciones
292 d.C.	Primera inscripción
S. III–X	Período clásico
S. IX–X	Decadencia

Resto del mundo

S. VIII–S. XV	Al-Andalus en España: emirato, califato, reinos de Taifa y Granada

S. X–XVI	Período posclásico		
		1096–1099	Primera cruzada
Aztecas			
1168	Peregrinación hacia el Valle de México		
1345	Fundación de Tenochtitlán	1337–1453	Guerra de los Cien Años (Francia e Inglaterra)
1428	Triple Alianza	1348	Peste Negra en toda Europa
S. XV–XVI	Expansión del Imperio Azteca		
		1453	Caída de Constantinopla, Imperio Otomano (1453–1918)
		1455	Biblia de Gutenberg
Incas			
S. XIII	Llegada de los Incas al Valle de Cuzco		
S. XIII–XVI	Expansión y organización del Imperio Inca	1476–1516	Reyes Católicos de España

Capítulo 3

América Latina		Resto del mundo	
		1492	Llegada de Cristóbal Colón a América
1492–1514	Colonización de las Antillas y el Caribe Establecimiento de la Audiencia, Gobernación y de la encomienda	1498	Vasco da Gama llega a la India por Suráfrica
		1513	Niccolo Machiavello: *Il principe*
1519–1521	Conquista del Imperio Azteca	1517	Tesis de Lutero en Wittenberg, comienzo del Protestantism
		1516–1556	Carlos I, Carlos V de Alemania (1519)
1532–1572	Conquista del Imperio Inca		
1535	Fundación de Lima	1545–1563	Concilio de Trento: Contrarreforma católica
1537–1548	Guerras entre los españoles	1558–1603	Isabel I de Inglaterra, Shakespeare (1564–1616)
1539–1572	Estado independiente de Vilcabamba	1555	Paz de Augsburgo entre católicos y protestantes
		1566	Comienzo de la revuelta de los Países Bajos contra España
		1571	Batalla de Lepanto contra el Imperio Otomano

Capítulo 4

América Latina		Resto del mundo	
S. XVI	Desastre demográfico (Caída de un 80% a 90% de la población)		

Organización de la colonia

1503	Casa de Contratación de Sevilla		
1517	Consejo de Indias		
1535	Virreinato de Nueva España	1598	Edicto de Nantes (Fin de las guerras de religión de Francia)
1544	Virreinato del Perú	1618–1648	Guerra de los Treinta Años
1739	Virreinato de Nueva Granada	1648	Paz de Westfalia. Independencia de Holanda
1776	Virreinato del Río de la Plata	1701–1711	Guerra de Sucesión a la Corona de España

Rebeliones populares

1721–1735	Comuneros en Paraguay	1776–1783	Guerra de Independencia de Estados Unidos de América
1780–1781	Nueva Granada y Perú	1789–1797	Revolución Francesa

Pérdidas coloniales

1655	Jamaica a Inglaterra
1697	Haití a Francia

Capítulo 5

América Latina		Resto del mundo	
		1797–1814	Napoleón Bonaparte
		1806	Abolición del Sacro Imperio Romano Germano por Napoleón
		1808–1813	Invasión francesa de España. Guerra de la Independencia
1810	Juntas de Gobierno en todos los Virreinatos de la colonia. Primeras proclamaciones de independencia	1814–1833	Fernando VII, rey de España.
		1815	Congreso de Viena, restauración del Absolutismo
1810	México: Grito de Dolores (1810) Revolución social de Hidalgo y Morelos (1810–1815) Argentina: Independencia		

1813	Independencia de Paraguay		
1817-1822	Campañas de San Martín.	1822	Independencia de Brasil
	Independencias de Chile, Perú y Bolivia		
1819-1823	Campañas de Bolívar y Sucre.		
	Independencias de Colombia,	1831	Revoluciones liberales en Euro-
	Venezuela y Ecuador		pa. independencia de Bélgica
1822-1823	Primer Imperio Mexicano		
1821-1841	Independencia de los países	1848	Revoluciones en toda Europa,
	de América Central		Manifiesto Comunista
1828	Independencia de Uruguay	1854-1856	Guerra de Crimea
1864-1867	Segundo Imperio Mexicano	1861-1865	Guerra Civil de los Estados Uni-
			dos
1865-1870	Guerra de la Triple Alianza contra Paraguay	1866	Unificación de Italia
1879-1883	Guerra del Pacífico (Chile, Bolivia y Perú)	1871	Comuna de París. Unificación de
			Alemania
		1884-1885	Conferencia de Berlín, reparto
			de África
1898	Independencia de Cuba		
1903	Independencia de Panamá		
1900	Ocupación de Puerto Rico (Estados Unidos)		

Capítulo 6

América Latina

Resto del mundo

1903-1924:	Intervenciones militares	1914-1918:	Primera Guerra Mundial
	de los Estados Unidos en el Caribe	1917:	Revolución Rusa
	y América Central		
1910-1917:	Revolución Mexicana		
		1933-1974:	*Estado Novo*, Portugal
Populismo político y económico		1933-1945:	*Tercer Reich*, Alemania
1934-1940:	Lázaro Cárdenas	1936-1975:	Guerra Civil española y
1946-1955:	Juan Perón		dictadura de Franco
		1939-1945:	Segunda Guerra Mundial
1953-1959	Revolución Cubana	1948-1989:	Guerra Fría
1973-1983	Dictaduras militares en Chile,	1958-1975:	Guerra de Vietnam
	Uruguay y Argentina		
1979-1989	Revolución Sandinista	1989-1990:	Caída del Muro de Berlín y
			reunificación alemana
Desde 1980	Neopopulismo político y económico	2001:	Ataque al World Trade Center de
			Nueva York
		2002:	Sustitución de las monedas eu-
			ropeas por el euro
Desde 1989	«Período Especial» en Cuba	2003:	Guerra de Iraq

11. Soluciones al primer ejercicio de cada capítulo

■ Capítulo 1

a — F; b — V; c — V; d — F; e — F; f — V

■ Capítulo 2

El periodo clásico de los mayas...	...se dio entre los siglos III y X.
Tanto los mayas como los aztecas...	...usaban dos calendarios y tenían ciclos de 52 años.
Los aztecas fundaron su ciudad...	...en la isla donde encontraron un águila en un nopal y comiendo una serpiente.
En Tlatelolco se celebraba...	....el mercado más grande del imperio azteca.
El imperio inca se llamaba...	....Tahuantisuyu, las cuatro partes.
Los *quipus* eran...	...cuerdas de colores que servían para calcular y registrar datos.

■ Capítulo 3

Cristóbal Colón llegó al archipiélago de las Bahamas en 1942 después de atravesar el Atlántico.

La encomienda fue instaurada para que los nativos se pusieran al servicio de los españoles, que a cambio debían evangelizarlos.

Después de la muerte de Moctezuma, Cortés tuvo que abandonar Tenochtitlán durante la llamada Noche Triste.

Atahualpa también fue secuestrado y retenido como Moctezuma.

El príncipe inca Manco se unió a los españoles porque era enemigo de Atahualpa. Sin embargo, unos años más tarde se sublevó.

A Colombia llegaron tres expediciones simultáneas: desde Colombia (Quesada), desde Venezuela (Federmann) y desde Ecuador (Benalcázar).

■ Capítulo 4

a – F; b – V; c – V; d – F; e – V

■ Capítulo 5

La independencia empezó a causa del...	...vacío de poder dejado por España.
Durante el siglo XIX...	...la formación de los países fue poco estable.
La esclavitud se abolió...	...hasta la mitad del siglo XIX en toda América excepto Cuba.
Panamá y Puerto Rico...	...fueron los dos últimos países en independizarse, por influencia de los Estados Unidos.

■ Capítulo 6

Emilio Zapata	se rebeló en el sur de México durante la Revolución Mexicana.
Lázaro Cárdenas	fue un presidente populista mexicano que creó la empresa petrolera estatal PEMEX.
Fidel Castro y Che Guevara	protagonizaron la Revolución Cubana.
Salvador Allende	fue el primer presidente de un partido marxista en llegar al poder gracias a unas elecciones democráticas.
Augusto César Sandino	es el padre espiritual de la revolución nicaragüense que lleva su nombre.
Óscar Arias y Rigoberta Menchú	recibieron el Premio Nobel de la Paz por su defensa de América Central.
Alberto Fujimori	fue un presidente peruano populista a finales del siglo XX.

12. Bibliografía

Alcàzar, Joan del et al. (2003): *Historia contemporánea de América Latina*. PUV, Valencia.

Alcina Franch, José; Palop Martínez, Josefina (1988): *Los Incas. El reino del Sol*. Ediciones Anaya, Madrid.

Cáceres Macedo, Justo (2007): *Culturas prehispánicas del Perú*. Editora Grimanesa Enriquez Lobatón, Lima.

Ciudad, Andrés (1988): *Los mayas. El pueblo de los sacerdotes sabios*. Ediciones Anaya, Madrid.

Diamond, Jared (2006): *Kollaps*. Fischer Verlag, Frankfurt a. Main.

Garavaglia, J. C. y Marchena, J. (2005): *América Latina. De los orígenes a la independencia. I. América precolombina y la consolidación del espacio colonial*. Editorial Crítica, Barcelona.

Garavaglia, J. C. y Marchena, J. (2005): *América Latina. De los orígenes a la independencia. II. La sociedad colonial en el siglo XVIII*. Editorial Crítica, Barcelona.

Haarmann, Harald (2006): *Weltgeschichte der Sprachen*. Verlag C. H. Beck, München.

Hemming, John (1978): *En busca del El Dorado*. Ediciones del Serbal, Barcelona.

Hernándenz Sánchez-Barba, Mario (1988): *Iberoamérica en el siglo XX. Dictadura y revoluciones*. Ediciones Anaya, Madrid.

Hernández Sánchez-Barba, Mario (1988): *Formación de las naciones iberoamericanas (Siglo XIX)*. Ediciones Anaya, Madrid.

Julien, Catherine (2007). *Die Inka*. Beck Verlag, München.

Lynch, John (1998): *Las revoluciones hispanoamericanas (1808–1826)*. Editorial Ariel, Barcelona.

Lynch, John (ed.) (2006): *Monarquía e imperio. El reinado de Carlos V*. El País, Madrid.

Malamud Rikles, Carlos (2005): *Historia de América*. Alianza Editorial, Madrid.

Mann, Charles (2006): *1491: new revelation of the Americas before Columbus*. Random House, New York.

Pérez Herrero, Pedro (2004): *América Latina y el colonialismo europeo. Siglos XVI-XVIII*. Editorial Síntesis, Madrid.

Prem, Hanns J. (2006): *Die Azteken*. Beck Verlag, München.

Ramos Gómez, Luis; Blasco Bosqued, Concepción (1988): *Culturas clásicas prehispánicas. Las raíces de la América indígena*. Ediciones Anaya, Madrid.

Ramos Gómez, Luis; Blasco Bosqued, Concepción (1988): *Poblamiento y prehistoria de América*. Ediciones Anaya, Madrid.

Riese, Berthold (2006): *Die Maya*. Beck Verlag, München.

Rojas, José Luis (1988): *Los aztecas. Entre el dios de la lluvia y el de la guerra*. Ediciones Anaya, Madrid.

Silva Galdames, Osvaldo (1985): *Civilizaciones prehispánicas de América*. Editorial Universitaria, Santiago de Chile.

VVAA: *Der Große Ploetz* (1998). Zweitausendeins, Frankfurt a. Main.

Zaragoza, Gonzalo (1994): *América Latina. La independencia*. Ediciones Anaya, Madrid.